*Für den in Leipzig lebenden Fotografen **Tom Schulze** waren insbesondere die Tieraufnahmen eine Herausforderung.*

*Die Autoren **Daniela Schetar-Köthe** und **Friedrich Köthe** zieht es seit Jahren immer wieder in das südliche Afrika.*

Liebe Leserinnen, liebe Leser!

Im Gras bewegt sich etwas. Jäh stoppt mein Reisebegleiter den Wagen. Und tatsächlich – da liegt ein Löwenrudel im Gras, Jungtiere sind auch dabei – nur wenige Meter von der durch den Krüger-Nationalpark führenden Straße entfernt. Wir beobachten die ganz gelassen wirkende Löwenfamilie gebannt und sehen schließlich zu, wie sie sich langsam ins Dickicht trollt.

Tierische Begegnungen sind garantiert

Momente wie dieser sind es, die mir meine Südafrika-Reise einzigartig erscheinen lassen. Tierische Begegnungen sind im Land am Kap immer wieder garantiert. Sei es mit den Big Five – dazu gehören neben Löwen auch Nashörner, Elefanten, Leoparden und Büffel –, mit Zebras, Giraffen oder Antilopen in einem der Nationalparks, mit Walen vor der Küste der Garden Route, mit Pinguinen auf der Kap-Halbinsel oder mit Straußen bei Oudtshoorn. Ein besonderes Erlebnis ist es, den Wildtieren bei Pirschgängen in freier Natur ganz nahe zu kommen, unser Autorenpaar Daniela Schetar-Köthe und Friedrich Köthe hat die Wildniswanderung im Krüger-Nationalpark getestet und kam zum Ergebnis: „Einfach paradiesisch" (S. 101).

Licht und Schatten

Weniger paradiesisch sind die Zustände in Soweto, jener riesigen Vorstadt von Johannesburg mit geschätzten rund 2 Mio. schwarzen und farbigen Bewohnern. Und doch sollte man auf einen Rundgang (oder eine Fahrradtour, wie Daniela Schetar-Köthe auf S. 115 empfiehlt) nicht verzichten. Hier kommt man hautnah mit dem schwarzen Südafrika in Berührung. Doch vielleicht starten Sie Ihre menschlichen Begegnungen in Südafrika viel entspannter, z.B. unter dem Motto „Dine with a Local", bei einem privaten Essen mit südafrikanischen Gastgebern (S. 37). Zu einem köstlichen Mahl gibt es viele Hintergrundinfos zum Leben am Kap gratis dazu.
Herzlich

Ihre

Birgit Borowski
Programmleiterin DuMont Bildatlas

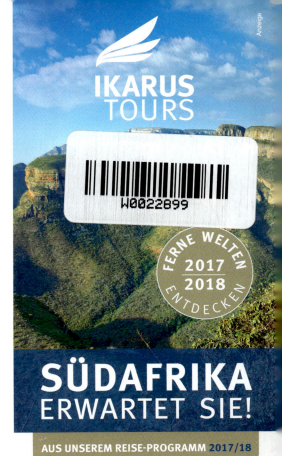

IKARUS TOURS

SÜDAFRIKA ERWARTET SIE!

AUS UNSEREM REISE-PROGRAMM 2017/18

KAP, KAROO UND GARTENROUTE
10-Tage-Kleingruppenreise von Kapstadt aus entlang der Gartenroute in die Kleine Karoo.

KAPSTADT - KRÜGERPARK
12-Tage-Kombination in kleiner Gruppe mit Safaritour im Krügerpark.

KAPSTADT – NAMIBIA – VICTORIA FALLS
21-Tage-Überland-Expeditionstour mit vielen aktiven Naturerlebnissen.

KAPSTADT – VICTORIA FALLS – CHOBE NATIONALPARK
12-Tag-Erlebnisreise für den Erstbesucher dieser Region.

MIETWAGEN-RUNDREISE SÜDAFRIKA
Das Land am Kap bietet großartige Möglichkeiten, um auf eigene Faust per Mietwagen entdeckt zu werden.

PRIVAT- & INDIVIDUALREISEN
Auch in die Nachbarländer Namibia, Botswana, Zimbabwe, Mozambique und Zambia.

Kataloge, Beratung oder Buchung im Reisebüro oder bei IKARUS TOURS GmbH 61462 Königstein
Telefon 06174-29020 | Mail: inserat@ikarus.com

WWW.IKARUS.COM

86 Viele tierische Begegnungen sind bei einer Safari im Krüger-Nationalpark garantiert.

62 Südafrikas Spitzenweine sind weltweit gefragt. Neben Großkellereien machen sich auch einzelne Winzer einen Namen.

46 Rund 10 000 San leben noch in Südafrika, traditionelle Lebensformen haben sich nur ganz vereinzelt erhalten.

Impressionen

8 Das südlichste Land des afrikanischen Kontinents gehört zu den attraktivsten Reisezielen der Welt: Schon diese ersten Eindrücke lassen die ganze Vielfalt Südafrikas erahnen.

Kapstadt & Kap-Halbinsel

20 **Stadt, Land, Meer**
Der aus Südost wehende „Kapdoktor" hat den Himmel über Kapstadt blitzblank geputzt und ihn mit Wattewölkchen geschmückt. So wie Kapstadt nun daliegt, ist es wirklich die schönste Stadt der Welt.

DUMONT THEMA
32 **Kapstadt swingt**
Klingt ein bisschen wie Samba, nur erdiger, „afrikanischer". Das also ist Cape Jazz, der in Kapstadts quicklebendiger Musikszene sein Wohnzimmer hat.

34 **Cityplan, Straßenkarte**
35 **Infos & Empfehlungen**

Westküste & Kalahari

38 **Karge Schönheit im Nordwesten**
Zwischen Kapstadt und dem Grenzfluss Oranje im Norden zeigt sich Südafrika von seiner eher spröden Seite.

DUMONT THEMA
46 **Auf der Suche nach der verlorenen Zeit**
Die Rückgabe von Land an die San und deren Einbindung in nachhaltige Tourismusprojekte in der Kalahari haben traditionelle Strukturen wiederbelebt.

50 **Straßenkarte**
51 **Infos & Empfehlungen**

BEST OF ...

UNSERE FAVORITEN

18 **Die ausgefallensten Unterkünfte**
Himmelbett oder Häuschen im Baum – Sie haben die Qual der Wahl.

80 **Die spannendsten Führungen**
Offroad durch Südafrika – ob an der Seilrutsche, in der Savanne oder im Großstadtdschungel.

110 **Die wildreichsten Nationalparks**
Den Big Five stets folgend, geht es durch die schönsten Wildschutzgebiete Südafrikas.

INHALT

20 Die Strände der Kap-Halbinsel sind ein beliebtes Ausflugsziel der Bewohner Kapstadts.

Johannesburg, Pretoria, Kimberley

102 **Gold & Diamanten**
Das südafrikanische Hochland birgt den heimlichen Reichtum des Landes.

112 **Straßenkarte**
113 **Infos & Empfehlungen**

Anhang

116 **Service – Reisemarkt**
125 **Register, Impressum**
126 **Lieferbare Ausgaben**

Garden Route

54 **Elefanten, Wale und eine große Liebe**
Die Garden Route gehört zu den berühmtesten und schönsten Autostrecken der Welt.

DUMONT THEMA
62 **Die besten Tropfen vom Kap**
Südafrikas Winzer sind im Aufbruch. Auch immer mehr Individualisten mischen mit.

66 **Straßenkarte**
67 **Infos & Empfehlungen**

Am indischen Ozean

70 **Traumhaft schöne Landschaften**
Von der rauen Wild Coast im Süden über das quirlig-multikulturelle Durban weiter nördlich bis nach East London.

82 **Straßenkarte**
83 **Infos & Empfehlungen**

Kruger National Park

86 **Von Elefanten, Jägern und Schürfern**
Natur pur: Südafrikas größtes Wildparadies geizt nicht mit Superlativen.

DUMONT THEMA
96 **Asiens unseliger Hunger nach Horn**
Wenige Themen werden so kontrovers in Südafrika diskutiert wie Fragen des Artenschutzes.

98 **Straßenkarte**
99 **Infos & Empfehlungen**

DuMont Aktiv

Genießen   Erleben   Erfahren

37 **Tausend Aromen – eine Küche**
„Dine with a Local" – zu Gast in einheimischen Küchen Kapstadts

53 **Am Ort des tosenden Lärms**
Mondberge und Klippschliefer im Augrabies Falls National Park

69 **Begegnungen der unheimlichen Art**
Unterwasser-Rendezvous mit Haien

85 **Rafting am Fuß der Drakensberge**
Feuchte Achterbahnfahrt auf dem Ash River

101 **Aug' in Aug' mit dem Flusspferd**
Wildniswanderung im Kruger National Park

115 **Mit dem Fahrrad in die Township**
Der Alltag in Soweto hautnah

Topziele

Die bedeutendsten Sehenswürdigkeiten Südafrikas sowie Erlebnisse, die Sie keinesfalls versäumen dürfen, haben wir auf dieser Seite für Sie zusammengestellt. Auf den Infoseiten ist das jeweilige Highlight als **TOPZIEL** *gekennzeichnet.*

NATUR

1 Tafelberg: Das Panorama vom 1086 m hohen Hausberg Kapstadts raubt einem den Atem. **Seite 37**

2 Kap der Guten Hoffnung: Hier gelang dem Portugiesen Bartolomeu Diaz 1488 die Entdeckung des Seewegs nach Indien. **Seite 37**

3 Augrabies Falls National Park: Wasser wirkt im ariden Nordwesten wie ein Wunder. **Seite 52**

4 Kgalagadi Transfrontier Park: Meditative Wüstenlandschaft und grandiose Tierwelt – unvergesslich! **Seite 52**

5 iSimangaliso Wetland National Park: Ein faszinierender Nationalpark, der zu Wasser wie zu Lande Flora und Fauna schützt. **Seite 83**

6 Kruger National Park: Südafrikas ältestes Schutzgebiet ist ein Garant für beste Wildbeobachtung. **Seite 99**

7 Blyde River Canyon: Die Panoramastraße mäandert bergauf, bergab zu den schönsten Aussichtspunkten über eine fantastische Landschaft aus Sandstein und Granit. **Seite 101**

AKTIV

8 Walbeobachtung in Hermanus: Zwischen Juni und November bringen Wale hier ihre Jungen zur Welt. Nirgendwo sonst lassen sich die sanften Riesen so gut beobachten. **Seite 67**

ERLEBEN

9 Robben Island: Von der Gefängnisinsel zur Gedenkstätte – hier wurde Nelson Mandela 18 Jahre lang gefangen gehalten. **Seite 35**

10 Bo-Kaap in Kapstadt: Häuschen in allen Farben des Regenbogens, elegante Minarette, exotische Gewürze – Bo-Kaap ist eines der reizvollsten Viertel im Zentrum von Kapstadt. **Seite 36**

11 Cape Winelands: Städtchen wie aus der Zeit gefallen, elegante Weingüter, kapholländische Herrensitze. Die Weinbauregion am Kap besticht mit landschaftlicher Schönheit, bezaubernder Architektur und den besten Weinen Südafrikas. **Seite 67**

12 Apartheid-Museum in Johannesburg: Hier werden Besucher auf anschauliche, teils drastische Art mit dem Alltag während der Apartheid konfrontiert. **Seite 114**

Camps Bay und Zwölf Apostel, Kapstadt

An der Südwestspitze des Kontinents gelegen, ist Kapstadt die älteste Siedlung im südlichen Afrika und nach Johannesburg (ohne Soweto) auch die zweitgrößte Stadt des Landes. Die vielleicht größte Trumpfkarte der Metropole ist ihre Lage: Während sie im Norden an die Tafelbucht grenzt, die einst den Seeleuten vor der rauen See am Kap der Guten Hoffnung Schutz bot, wird sie im Süden vom imposanten Plateau des Tafelbergs dominiert, zu dem auch die Zwölf Apostel gehören.

IMPRESSIONEN
8 – 9

Weingut Zorgvliet im Banhoek-Tal bei Stellenbosch

Ein gesegnetes Land: Historischer Alte-Welt-Charme, berühmte Weinanbaugebiete und ehrfurchtgebietende Natur prägen die Cape Winelands, zweifelsohne eines der bezauberndsten Urlaubsziele Südafrikas. An saftig-grüne Hänge schmiegen sich die Farmhäuser, während die beiden Zentren der Weinregion, Stellenbosch und Paarl, gekonnt kapholländisches Flair mit jugendlicher Dynamik vereinen.

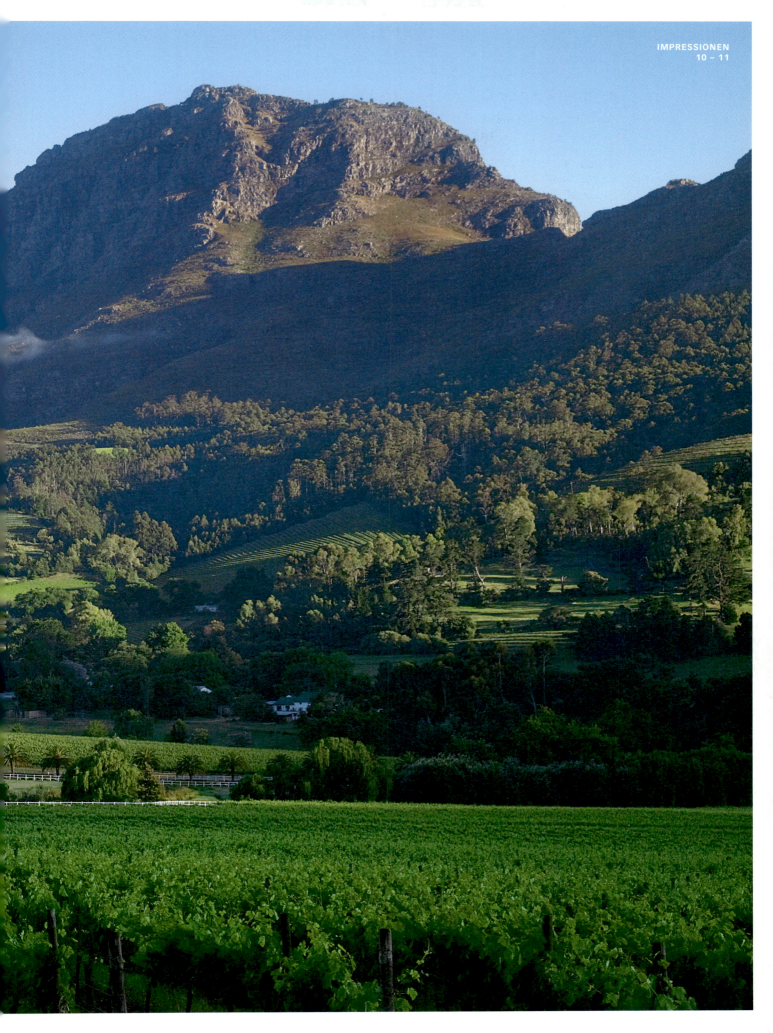

Im Addo Elephant National Park

Gegründet wurde dieser rund 70 Kilometer nördlich von Port Elizabeth gelegene Nationalpark im Jahr 1931, um die letzten elf verbliebenen Kapelefanten zu schützen. Heute leben hier wieder mehr als 600 dieser Tiere. Aber auch die anderen Vertreter der legendären „Big Five" – neben dem Elefanten gehören dazu noch Nashorn, Büffel, Löwe und Leopard – können in diesem Park bewundert werden.

Blyde River Canyon bei Graskop

Nach dem US-amerikanischen Grand Canyon und dem namibischen Fish River Canyon ist die Schlucht des Blyde River die drittgrößte der Welt. Der Fluss entspringt bei der alten Goldgräbersiedlung Pilgrim's Rest und führt durch eine wunderbar vielfältige, von unterschiedlichster Vegetation geprägte Erosionslandschaft.

IMPRESSIONEN
14 – 15

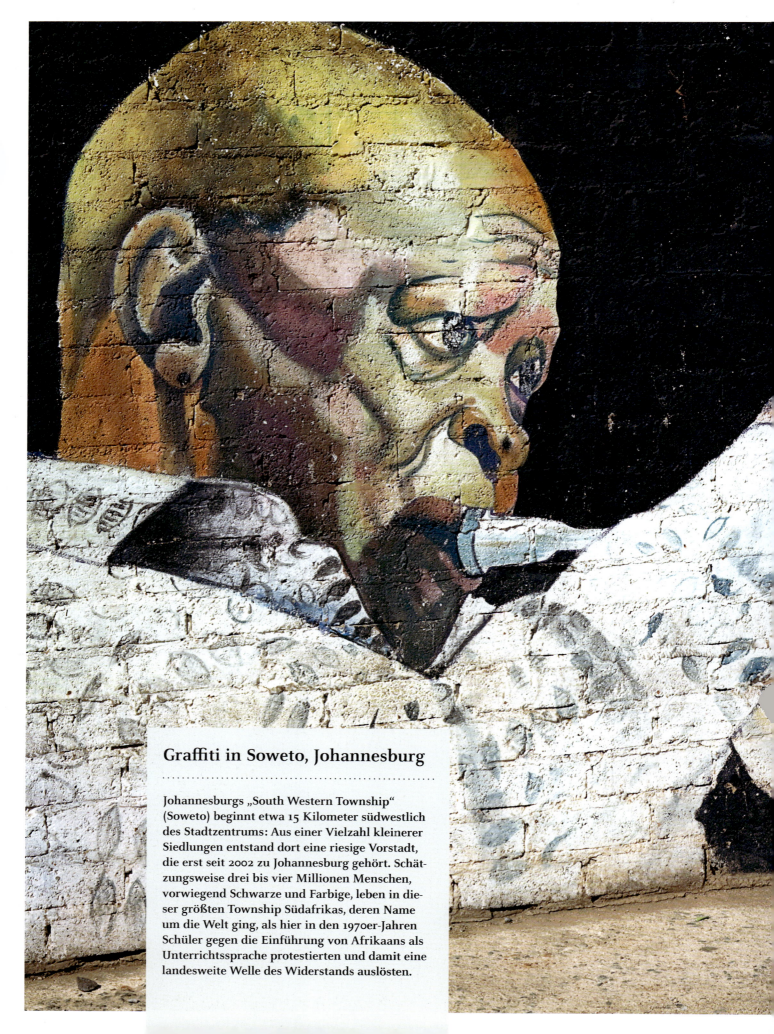

Graffiti in Soweto, Johannesburg

Johannesburgs „South Western Township" (Soweto) beginnt etwa 15 Kilometer südwestlich des Stadtzentrums: Aus einer Vielzahl kleinerer Siedlungen entstand dort eine riesige Vorstadt, die erst seit 2002 zu Johannesburg gehört. Schätzungsweise drei bis vier Millionen Menschen, vorwiegend Schwarze und Farbige, leben in dieser größten Township Südafrikas, deren Name um die Welt ging, als hier in den 1970er-Jahren Schüler gegen die Einführung von Afrikaans als Unterrichtssprache protestierten und damit eine landesweite Welle des Widerstands auslösten.

UNSERE FAVORITEN

Die ausgefallensten Unterkünfte

Himmelbett oder Häuschen im Baum

Es war ein heißer, staubiger Tag: Eine Elefantenherde hat Ihren Pfad gekreuzt, ein Löwe döste unter einem Akazienbusch und Paviane blockierten die Weiterfahrt. Wo nun abends von den Erlebnissen des Tages träumen? Auf einer afrikaansen Farm oder im Luxuschalet? Unter Sternen oder zwischen Weinreben? Hier die originellsten Übernachtungstipps.

1 Eine Nacht im Baumhaus

Die mächtige Krone eines uralten Kameldornbaums im Mokala National Park (Northern Cape) trägt das Kameeldoorn Tree House mit Schlafzimmer, Bad und Küche, in dem zwei Personen gemütlichen Unterschlupf finden. Tisch und Bank auf der Plattform davor erlauben den Blick auf das nahe Wasserloch, an dem große Antilopenherden und manchmal sogar Büffel ihren Durst stillen. Und wer weiß, mit etwas Glück linst am Morgen eine neugierige Giraffe durchs Fenster. Näher können die Gäste der Wildnis kaum kommen.

Mokala National Park (70 km südwestlich von Kimberley)
Tel. 053 2 04 80 00
www.sanparks.org/parks/mokala/tourism/accommodation.php

2 Zelten im Baum

Glamping, also Luxus-Camping, in einem Wald am Fuße der Outeniqua-Berge ist ideal für Familienferien. Zwischen den Ästen in der Krone unter Vögeln und Schmetterlingen erfüllt sich der Traum aller Kinder (und der Erwachsenen). Dass das Ganze dann auch noch luxuriös ist, tut dem ja keinen Abbruch. Das Beste: Die Anlage folgt ökologischen Richtlinien und nutzt für das Trinkwasser den Regen, fürs Baden das Wasser aus dem Fluss. Acht Chalets stehen zur Verfügung. Davon ist eines als Honeymoon-Suite gestaltet, die anderen bieten Platz für mindestens vier Personen.

Bei Sedgefield 35 km nordwestlich von Knysna
Tel. 044 3562868, http://teniquatreetops.co.za

3 Französisches Savoir Vivre im Weinland

Kultiviert und mit unaufdringlicher französischer Eleganz empfängt das B & B Auberge Daniella seine Gäste im Weinstädtchen Franschhoek. Die drei ebenso luxuriösen wie gemütlichen Suiten sind mit Küche und allen Utensilien ausgestattet, die Selbstversorgern einen unabhängigen Aufenthalt ermöglichen. Zum Sundowner auf der Terrasse streift der Blick über die mit Reben bewachsenen Hänge der Drakenstein Mountains. Eine stilvolle Unterkunft für Genießertage in den Cape Winelands.

5 Main Rd. Franschhoek
Cape Town
Tel. 021 8 76 20 31
http://aubergedaniella.co.za

4 Wo Gandhis Atem weht

Ein Jahr lang, 1908/1909, diente das Satyagraha House in Johannesburgs grünem Stadtteil Orchard einem jungen indischen Rechtsanwalt als Lebensmittelpunkt in Südafrika. Heute erinnert ein Museum darin an den charismatischen Inder, der später als Mahatma Gandhi in die Geschichte eingehen sollte. Gandhi hatte das Haus zusammen mit dem deutschjüdischen Architekten Hermann Kallenbach persönlich geplant. In einem modernen Annex übernachten Besucher in wunderbar gestalteten Zimmern, speisen im vegetarischen Restaurant und spüren Gandhis Aura überall.

15, Pine Road, Orchards
Johannesburg
011 4 85 59 28
www.satyagrahahouse.com

UNSERE FAVORITEN
18 – 19

5 Luxus im Maulwurfshügel

Sabi-Sabi, einer der ältesten an den Krüger-Nationalpark grenzenden privaten Wildparks, verweist stolz darauf, eine der weltweit wohl ungewöhnlichsten Lodges sein Eigen zu nennen: In der Earth Lodge residieren die Gäste im wahrsten Sinne des Wortes unter der Erde. Die Suiten wurden in einen Hang gegraben, sind von außen für das Wild nicht als solche zu erkennen und eröffnen dank großer Aussichtsterrassen einen ebenso ungewöhnlichen wie verstörend intimen Blick auf das Treiben am Wasserloch davor.

Tel. 013 7 35 52 61
www.sabisabi.com

6 Übernachten am südlichsten Punkt Afrikas

Neue Chalets sorgen im Agulhas Rest Camp des Agulhas National Park für kuscheligen Komfort am windumtosten Kap. Die mit Reet gedeckten Bungalows sind ebenso zweckmäßig wie schick eingerichtet. Und natürlich wartet vor jedem Häuschen ein *braai* auf passionierte Grillmeister. In den von Millionen von Sternen beleuchteten Nächten hört man manchmal den Gesang der Wale – oder ist es doch das Klagen Ertrunkener am Kap der Stürme?

L'Agulhas
Tel. 028 4 35 60 78
www.sanparks.org/parks/agulhas/tourism/accommodation.php

7 Wo Queen Elizabeth von ihrer Hochzeit träumte

Gegründet wurde der Kimberley Club im Jahr 1881, u. a. von Cecil Rhodes. Das ehrwürdige Haus brannte mehrmals ab, wurde wiederaufgebaut und beherbergte, schließlich in ein Hotel umgewandelt, berühmte Persönlichkeiten, darunter 1947 die britische Königsfamilie mit der damals 21-jährigen Elizabeth, der späteren Queen. Gäste übernachten hier in wundervoll mit Historie aufgeladenen Zimmern, nostalgisches Kolonialflair inklusive.

72 Du Toits Rd, Kimberley
Tel. 053 8 32 42 24
www.kimberleyclub.co.za

KAPSTADT & KAP-HALBINSEL
20 – 21

Stadt, Land, Meer

Der aus Südost wehende „Kapdoktor", ein vom Tafelberg verursachter föhnartiger Fallwind, hat den Himmel über Kapstadt blitzblank geputzt und ihn mit Wattewölkchen geschmückt. Die glasklare Luft lässt die Stadt leuchten. Jedes Viertel – die Waterfront, das Cape Town Stadium, das Schachbrettmuster des Zentrums – sind vom Plateau des Tafelbergs aus bis in die Details zu erkennen. So wie Kapstadt nun daliegt, zwischen Signal Hill und Ozean, ist es wahrhaftig die schönste Stadt der Welt.

Freizeitspaß am von bunten Holzhäuschen gesäumten
Strand in der Bucht von Muizenberg

Claudette Shreuders Skulpturen der Nobelpreisträger an der Victoria & Alfred Waterfront, ...

... Kapstadts nach Königin Victoria und ihrem Sohn benanntes Vergnügungsrevier rund um die beiden 1860 angelegten Innenhäfen der Stadt.

Zum kulinarischen Vergnügen in einem der Restaurants an der Victoria & Alfred Waterfront gesellt sich nicht nur an stimmungsvollen Abenden wie diesem der optische Reiz – mit Blick auf die nachtschwarze Silhouette des Tafelbergs.

KAPSTADT & KAP-HALBINSEL
22 – 23

Vom bequem mit einer Gondelbahn zu „erfahrenden" Tafelberg wie vom vorgelagerten Lion's Head hat man einen herrlichen Blick auf die Stadt.

Ein magischer Anblick: Mit einsetzender Dämmerung machen die glitzernden Lichter Kapstadt zum Diamanten.

Auch Jan van Riebeeck mag gedacht haben, dass es keine schönere und geschütztere Lage für einen Handelsstützpunkt gibt, als er sich 1652 mit seinem Schiff der vom Tafelberg überragten Bucht näherte. Das von seinen Leuten dort errichtete Castle of Good Hope mit dem sternförmigen Grundriss und das grüne Band der Company's Gardens, in denen die Niederländer Gemüse und Obst anbauten, zeichnen sich im Stadtbild auch aus der Höhe noch deutlich ab, und mit einsetzender Dämmerung machen die glitzernden Lichter Kapstadt zum Diamant. Selbst den putzigen *rock dassies*, den Klippschliefern, die zwischen den Steinen auf dem Tafelbergplateau herumwuseln, gelingt es nicht, von diesem magischen Anblick abzulenken. Und wenn dann das „Tischtuch", die berühmte Wolkenwand von Westen über das Plateau kriecht und an seinen Hängen herunterfließt wie ein weißer Wasserfall in Zeitlupe, ist der Zauber perfekt.

Wunderwelt am Kap

An der Victoria & Alfred Waterfront spielt sich eine Jazzkapelle in 1930er-Jahre-Kostümen mit Dixieland-Hits in Laune. Die Zuhörer schunkeln, einige tanzen sogar. Schulklassen stehen an der Kasse des Two Oceans Aquarium, das sie in die unterseeische Wunderwelt der beiden Ozeane am Kap entführt. Zu Füßen des Old Clock Towers, auf dem der Hafenleiter früher den Schiffsverkehr in der Tafelbucht überwachte, besteigen Touristen und Einheimische die Fähre, die sie nach Robben Island und zu Nelson Mandelas ehemaliger Gefängniszelle bringt. Stühle und Tische der Restaurantterrassen sind bis auf den letzten Platz besetzt; in den Läden der Malls brummt das Geschäft.

Eine Regenbogennation

Bei schönem Wetter wirkt die Waterfront mit ihrer Mischung aus viktorianischer Architektur in Pastellfarben und modernem Design in Chrom und Glas wie ein riesiger Vergnügungspark. Jeder scheint nur zwei Ziele zu verfolgen: Spaß und Konsum. Sieht so das neue Südafrika aus?

Wenn eine Stadt für die Zukunft steht, dann jedenfalls ist das Kapstadt. Vorangetrieben von der Dynamik einer multikulturellen Gesellschaft, von der andere Regionen noch träumen, kommt sie der Verwirklichung jener Vision nahe, die Nelson Mandela bei seiner Antrittsrede als Präsident 1994 formulierte: „Wir sind aufgerufen, eine Gesellschaft zu errichten, in der alle Südafrikaner, Schwarze wie Weiße, mit stolz erhobenem Kopf

Souvenirstand am Greenmarket Square

Ganz schön bunt: Im In-Viertel Bo Kaap wurde nicht mit Farbe gegeizt.

Nachtleben auf der Long Street im Zentrum der Stadt

Wenn eine Stadt für die Zukunft steht, dann ist das Kapstadt.

gehen können (...) – eine Regenbogennation im Frieden mit sich selbst und mit der ganzen Welt."

District Six

Auch Noor Ebrahim hat diese Worte mit Stolz vernommen. Der schmale, elegante Herr führt durch das District-Six-Museum. Er tänzelt über den auf den Boden gemalten Stadtplan von Straße zu Straße, zeigt die Caledon Street oder die Klip Street – hier stand unser Haus, dort die Firma, erzählt er. Noors Großvater war Ende des 19. Jahrhunderts aus Indien eingewandert, Großmutter Miriam stammte aus Schottland. In dem Stadtteil, der knapp 100 Jahre später als District Six ein Symbol der menschenverachtenden Apartheidspolitik Südafrikas wurde, begründete der Großvater eine Brauerei für Ingwerbier und stieg zu einem geachteten Geschäftsmann auf. Sein Enkel hielt die Entwicklung und vor allem die Zerstörung des District Six in Bildern fest und beschrieb die Ereignisse in einem lesenswerten Buch. Was er und andere Vertriebene retten konnten, nachdem ihr Lebensraum am Fuß des Tafelbergs gegen Ende der 1960er-Jahre plötzlich zum Wohngebiet für Weiße erklärt wurde und sie ihn verlassen mussten, steht heute im Museum. Herr Noor schlendert von Vitrine zu Vitrine und erzählt, wie bunt der

Vom Sieg der Freiheit und Menschenwürde über Unterdrückung und Demütigung: Unter den Guides auf Robben Island sind auch ehemalige Häftlinge der Gefängnisinsel.

Unterwegs mit der Fähre zur Gefängnisinsel Robben Island, von der aufgrund gefährlicher Strömungen und der Entfernung zum Festland ein Entkommen quasi unmöglich war. Seit Mitte der 1990er-Jahre ist sie ein Natur- und Nationaldenkmal.

Nelson Mandela verbrachte 27 Jahre seines Lebens im Gefängnis, …

… davon 18 Jahre (1964–1982) in dieser Zelle auf der Gefängnisinsel Robben Island.

Nelson Mandela

Der Landesvater

Special

„Rolihlahla" (Unruhestifter) – Nelson Mandelas Xhosa-Name prägte sein Leben nachhaltig. Aber es war eine sanfte Unruhe, die der erste schwarze Präsident Südafrikas und Friedensnobelpreisträger stiftete.

Als sich am 11. Februar 1990 das Tor des Victor-Verster-Gefängnisses in Johannesburg für Nelson Rolihlahla Mandela öffnete, richteten sich die Fernsehkameras der Welt nicht nur auf ein prominentes ANC-Mitglied und Opfer der Apartheid, sondern bereits damals auch auf eine Legende. 27 Jahre hatte der Rechtsanwalt in Haft verbracht, darunter viele auf Robben Island, und nun sprach er nicht von Rache, sondern rief zur Versöhnung auf.

Der eigentliche Kampf um die Freiheit des farbigen und schwarzen Südafrika war damals jedoch noch in vollem Gange. Es wurde ein mühsames Ringen, zunächst um die Abschaffung der äußeren Apartheid, später dann um die Überwindung der inneren.

Dass der Übergang so friedlich verlief, ist einzig Mandela zu verdanken – davon sind alle Südafrikaner überzeugt. Der 1918 in Mvezo (Transkei) Geborene hatte bereits als junger ANC-Führer auf gewaltfreien Widerstand gesetzt, ganz in der Tradition Mahatma Gandhis. Nur fünf Jahre lang, von 1994 bis 1999, lenkte Mandela Südafrika als Präsident, doch sein Einfluss reichte weit darüber hinaus. Zu seiner Beisetzung am 15. Dezember 2013 kamen Staatsmänner aus aller Welt, um ihm die letzte Ehre zu erweisen.

Alltag war im Viertel, in dem Muslime, Christen, Farbige, Händler und Künstler nebeneinander lebten. Wie das Unheil Straße für Straße näher an sein Haus heranrückte, Freunde und Familienmitglieder zwangsumgesiedelt irgendwo im Ghetto der Cape Flats verschwanden und Bagger ihre Häuser dem Erdboden gleichmachten. Wie es dann schließlich ihn selbst traf und ihm ganze vier Wochen blieben, um seinen Hausstand mit zwei kleinen Kindern aufzulösen und ein neues Heim zu finden. Kurz vor dem Abriss des Hauses rettete Noor sein Straßenschild, das nun ausgestellt ist. Und er kaufte sich eine Kamera, mit der er alle Stadien der Zerstörung festhielt.

Seltsamerweise spürt man keine Wut, keinen Hass in Noors Worten. Dass Südafrika nun von der Apartheidsdoktrin befreit ist und das kleine Museum, durch das er führt, an seine Heimat erinnert, scheint ihm ausreichend Genugtuung. Ein Großteil von District Six ist bis heute Brachland. Die Regierung hat noch nicht entschieden, wie sie mit dem Areal umgehen soll.

In-Viertel: Bo-Kaap

Das Schicksal von District Six blieb Bo-Kaap erspart, obwohl dieses heute so idyllische Stadtviertel am Fuß des Signal Hill dem Zentrum Kapstadts, der

Aus der Luft betrachtet ergibt sich ein schöner Blick auf die Camps Bay und die Zwölf Apostel im Südwesten der Millionenstadt.

Ein sportiver Tag am Kap: Paddelfreuden im Hafen von St. James an der Kap-Halbinsel

Blühende Kapflora in Kirstenbosch, dem Botanischen Garten am Osthang des Tafelbergs

Edle Reben bringen (alkoholischen) Segen: Bereits seit über 200 Jahren produziert das Weingut Groot Constantia südlich von Kapstadt begehrte Tropfen.

City Bowl, weitaus näher lag. Auch hier hatten sich bereits ab dem 18. Jahrhundert vor allem Muslime angesiedelt, aber der Anteil christlicher Bewohner war mit 40 Prozent hoch. Dies änderte sich mit dem Group Areas Act, mit dem das südafrikanische Parlament 1950 den Volksgruppen getrennte Wohngebiete verordnete. Bo-Kaap wurde den Malaien zugesprochen.

Heute ist Bo-Kaap eine der touristischen Hauptattraktionen von Kapstadt. Die in allen Farben des Regenbogens getünchten niedrigen Häuschen mit den charakteristischen Steinbänken davor, die Kopfsteinpflasterstraßen und winzigen Moscheen verbreiten ein fast dörfliches Flair. Dabei ist Bo-Kaap ungemein dynamisch, was viele seiner älteren islamischen Bewohner mit Sorge betrachten. Gerade bei den jungen kreativen Südafrikanern ist das Viertel in. Die Grundstückspreise haben sich in den letzten Jahren vervielfacht, ebenso die Mieten. Noch gelingt es engagierten Einwohnern, die schlimmsten Auswüchse von ihrem Stadtteil fernzuhalten, aber dem Problem der zunehmenden Gentrifizierung stehen sie machtlos gegenüber.

Auf der Long Street

Ein Alkoholverbot kann die islamische Gemeinschaft nur im Umfeld ihrer Moscheen und innerhalb ihres Viertels durchsetzen. Insofern war die heiß diskutierte Frage, ob die Long Street noch zu Bo-Kaap gehört oder nicht, von einiger Bedeutung. Das sei nicht so, entschied schließlich die Kapstädter Stadtverwaltung, weshalb entlang der Haupteinkaufsstraße des Zentrums kein Mangel herrscht an Restaurants und Kneipen, in denen die Passanten bei einem Glas Weißwein aus Groot Constantia über ihr nächstes Shoppingziel diskutieren. Der Concept Store „Merchants on Long" findet sich ganz oben auf der Liste der Schicken und Schönen wieder. Die Südafrikanerin Hanneli Rupert trägt für ihren Laden zusammen, was sie bei afrikanischen Designern an Originellem, Exotischem und Extravagantem entdeckt. Das Resultat steht stellvertretend für die gesamte Long Street, die nur so vor originellen Geschäften südafrikanischer Modemacher, schicken Restaurants und angesagten Backpacker-Unterkünften strotzt. Auf ihr scheint die ganze Regenbogennation unterwegs zu sein – alle Hautfarben, alle Frisur- und Kleidungsstile, alle sozialen Schichten sind vertreten.

Existenzielle Fragen

Ethnisch weit weniger bunt geht es in Richtung Kap-Halbinsel zu. Städtchen wie Clifton und Camps Bay sind längst zu Vororten von Kapstadt geworden.

> Für den englischen Weltumsegler Sir Francis Drake war dies „das schönste Kap des Erdkreises".

Wer hier ein Häuschen besitzt, der hat wahrscheinlich helle Haut, keine Geldprobleme und steht täglich vor der schwierigen Entscheidung, an welchen Strand er gehen soll: zum Sonnenbaden an den von bunten Holzhäuschen gesäumten Strand von Muizenberg, zum

Einsam steht und wacht: der Leuchtturm
am Kap der Guten Hoffnung

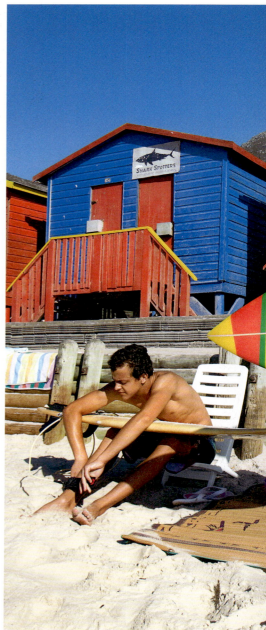

Frischer Fisch frisch auf den Tisch:
in Fish Hoek auf der Kap-Halbinsel

KAPSTADT & KAP-HALBINSEL

Surfers Paradise am Strand von Muizenberg: Die – heute bunt bemalten – Badehäuschen stammen aus viktorianisch-prüderen Tagen, da Mann (und Frau) sich keine Blöße(n) geben wollten.

Surfen in die schwere Dünung vor den Misty Cliffs oder für ein Tête à tête mit Pinguinen an den imposanten Boulder Beach in Simon's Town? Abends folgt dann die obligatorische Feier des (All-)Tags in einem der edlen Fischrestaurants und in den schicken Lounges.

Am Kap der Stürme

Als der Portugiese Bartholomeu Diaz im Jahr 1488 als erster Europäer die äußerste Spitze der Halbinsel umrundete, erlebte er sie so windumtost, dass ihm kein anderer Name einfiel als „Kap der Stürme". Der portugiesische König Johann II. soll die Halbinsel dann in Kap der Guten Hoffnung umgetauft haben,

Der Wind pfeift auch ein halbes Jahrtausend nach der Erstumseglung ziemlich heftig um die karge Landspitze.

weil es freundlicher klang. Der Wind pfeift auch ein halbes Jahrtausend nach der Erstumseglung ziemlich stramm um die karge Landspitze und ihren einsamen Leuchtturm. Wie ein so ungemütliches Ambiente die sogenannte Kapflora, das kleinste und zugleich artenvielfältigste der sechs Florenreiche der Erde, hervorbringen konnte, bleibt ein Rätsel. Und doch: Ungezählte salz-, wind- und sonnenresistente Pflanzen verwandeln den vielleicht unwirtlichsten Ort Südafrikas in ein Blütenmeer: Orchideen, Heidekraut, Iris und Narzissen strahlen in dem „fynbos" (Feinbusch) genannten Pflanzenkleid um die Wette. Augenfälligste Vertreterin ihrer Zunft ist die Riesen- oder Königsprotea, die äußerst widerstandsfähige, strahlend bunte Nationalblume Südafrikas. Diese enorme Artenvielfalt imponierte auch der UNESCO: 2004 ernannte sie die Kapflora zum Weltnaturerbe.

Fast könnte man meinen, die Pinguine seien in ein reges Zwiegespräch vertieft: am Boulders Beach bei Simon's Town auf der Kap-Halbinsel.

DUMONT THEMA

JAZZ

Kapstadt swingt

Mac Mckenzie sitzt in seinem schmucklosen Haus in der Township Bridgetown, öffnet eine Dose Black Label Bier, nimmt einen tiefen Zug und schlägt ein paar Akkorde auf seiner Gitarre. Klingt ein bisschen wie Samba, nur erdiger, „afrikanischer". Das also ist: Cape Jazz.

Südafrikas Jazz ist erdiger, besinnt sich seiner afrikanischen Wurzeln.

Ein Nachbar steckt den Kopf durchs offene Fenster und fällt aufs Fensterbrett trommelnd ein. „Goema, Goema" singen die beiden. Das ist der Refrain eines der größten Hits von Mac Mckenzies Kultband The Goema Captains of Cape Town. Andere Musiker schauen vorbei, jammen ein bisschen mit und gehen wieder. In den Pausen erzählt Mac von seinem Vater, Mister Mac, dem berühmten Karnevals-Captain in den 1950er-Jahren. Was die Bands damals spielten, hat Mac Junior in den 1980er-Jahren revitalisiert und verjazzt: eben zu Goema – jener Musik, die auch beim Coon Carneval am 2. Januar auf den Straßen Kapstadts jeden zum Tanzen bringt. Mac Mckenzie ist eine der Größen der Kapstädter Jazzszene. Dass wir ihn privat erleben dürfen, ist Teil der Cape Town Jazz Safari. Einer Reise in das Herz des Jazz.

Begonnen hatte sie im Distrix Café am Rand des ehemaligen District Six mit einer Reverenz an den Kapstädter Jazz-Pianisten Dollar Brand, der sich heute Abdullah Ibrahim nennt und 1974 mit *Mannenberg* die Jazz-Hymne des Anti-Apartheid-Kampfes komponierte. Von dort zieht die Safari weiter nach Bridgetown zu Mac Mckenzie. Hier blicken wir tief in die nach wie vor existierende, nun finanziell bedingte Realität der Rassentrennung – aber auch in die atemberaubende musikalische Vitalität, die diese triste Siedlung allen Nöten zum Trotz ausstrahlt.

Die Genre Cape Jazz entwickelte sich in der von vielen kulturellen Einflüssen geprägten Hafenstadt bereits im 19. Jahrhundert und nahm Blues- wie Folkelemente auf. Zu einer zeitgemäßen musikalischen Sprache entwickelten ihn Musiker wie Dollar Brand

KAPSTADT & KAP-HALBINSEL
32 – 33

Kapstadts quicklebendige Musikszene ermöglicht den Besuchern eine „Reise ins Herz des Jazz".

und sein fantastischer Saxofonist Basil Coetzee. Von Anfang an begeisterte am Cape Jazz die enorme Improvisationsfreude der Musiker. Davon können sich auch Besucher des Cape Town International Jazz Festival Anfang April überzeugen. Viele südafrikanische Jazz-Talente präsentieren sich dann erstmals auf großer Bühne.

Endpunkt der Jazz-Safari ist eine Kneipe irgendwo in den Cape Town Flats, in der die nächste Musikergeneration ihre Kreativität und ihr Improvisationstalent sprühen lässt. Es ist heiß, stickig, laut und die Luft vibriert von den Sounds der Township.

Blue Note(s)

Cape Town International Jazz Festival: Ende März, Anfang April, Termine und Programm auf www.capetownjazzfest.com
Cape Town Jazz/Gospel-Safari: http://coffeebeansroutes.com oder www.andulela.com, Dauer ca. 4 Stunden, Eintritt inkl. Imbiss und Getränke ca. 1200 Rand/Person
Cape-Jazz-Compilation: Cape Jazz 3 – Goema, Mountain Records 2008
Jazz-Lokale: The Crypt Jazz Restaurant, 1 Wale Street, www.thecryptjazz.com, Tel. 079 6 83 46 58, Di.–Sa. Livemusik in der Krypta der St. George's-Kathedrale; West End Jazz Club, College Road/Rylands, Tel. 073 1 55 27 92, www.club-westend.co.za, Live Jazz am Wochenende.

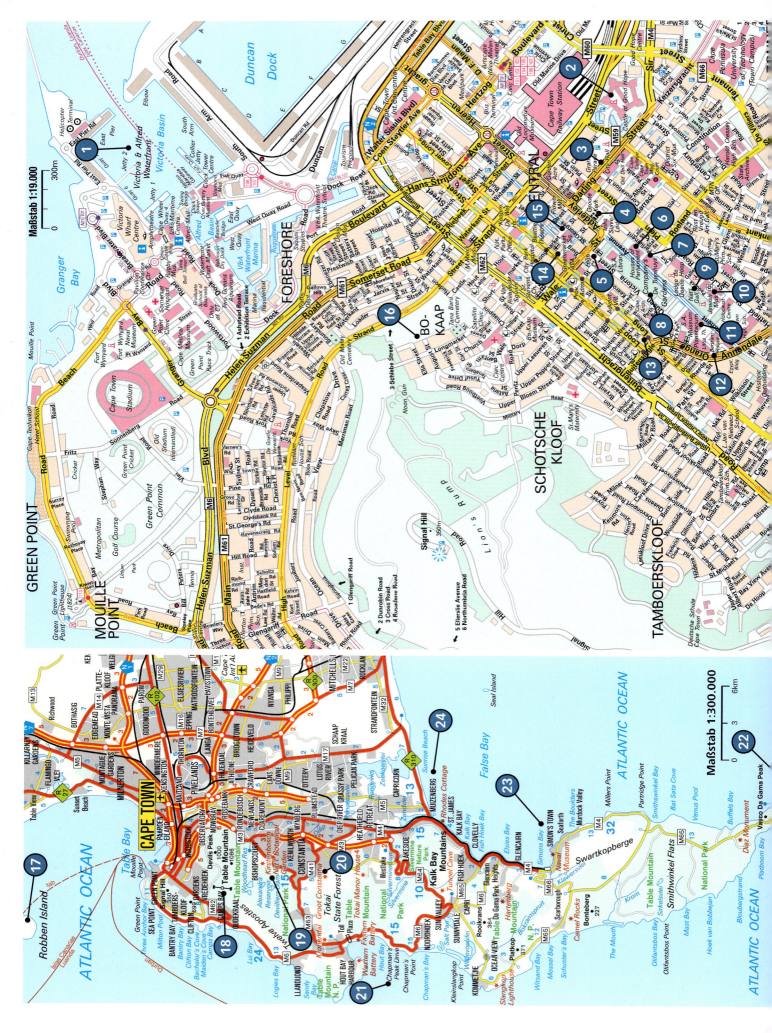

INFOS & EMPFEHLUNGEN KAPSTADT & KAP-HALBINSEL

The Mother City – hip und traditionell

Der Tafelberg verleiht Kapstadt dramatische Panoramakulissen, in der zentralen City Bowl aber es sind eindeutig die Menschen, die die Metropole zur aufregendsten des südlichen Afrika machen.

GESCHICHTE

1503 betrat mit Antonio da Saldanha der erste Weiße das Land an der Tafelbucht, die sein portugiesischer Landsmann Bartolomeu Diaz 15 Jahre zuvor umschifft hatte. Erst 150 Jahre später, 1652, begann mit dem Holländer Jan van Riebeeck die Kolonisation; er errichtete einen Stützpunkt für die Holländisch-Ostindische Handelskompanie und damit die Keimzelle Kapstadts, das die Buren noch heute Mother City nennen. Die Ureinwohner, Nomaden von der Volksgruppe der San, wurden von den Niederländern als „bosjesmanne", Buschmänner, bezeichnet und vertrieben. Siedler aus ganz Europa folgten den Verheißungen des fruchtbaren und wildreichen Kaps. 1806–1910 war Kapstadt

Kapstadt aus der Vogelperspektive betrachtet: Tafelberg und Lion's Head bestimmen das Stadtbild.

Verwaltungssitz der mittlerweile britischen Kolonie. Heute teilt es sich den Status als Hauptstadt mit Pretoria, in das Parlament und Regierung in den Sommermonaten umziehen.

❶ Victoria & Alfred Waterfront

Der Ausbau des Vergnügungs- und Shoppingviertels an den beiden im 19. Jh. angelegten Hafenbecken verwandelte Ende der 1980er-Jahre den heruntergekommenen Distrikt in einen Hot Spot. Neben Hotels, Restaurants, Cafés und Kneipen mit Live-Musik locken zahlreiche Läden Kapstädter wie Besucher am Tag und am Abend an die Waterfront. Der 1882 fertiggestellte **Clock Tower** ist heute als Museum eingerichtet (die Spiegel in der 2. Etage gaben dem Hafenkapitän Überblick). Den **Nobel Square** schmücken von Claudette Schreuders gestaltete Skulpturen der südafrikanischen Nobelpreisträger Albert Luthuli, Desmond Tutu, Frederik Willem de Klerk und Nelson Mandela. Zwei gut ausgebaute Joggingstrecken (2,2 und 5 km, Start an der Waterfront Tourismus Information beim Riesenrad **Cape Wheel**) bieten sportlichen Naturen die Möglichkeit, die V&A Waterfront im Laufschritt zu bestaunen. Vom Nelson Mandela Gateway starten die Fähren zur 10 km entfernten Gefängnisinsel ⓱ **Robben Island TOPZIEL**, auf der Besucher

in Bussen zu den Sehenswürdigkeiten gefahren werden. Ehemalige Insassen führen u. a. durch das Gefängnis, in dem Nelson Mandel ab 1964 18 Jahre eingesperrt war. Dass die Insel schon früher als Verbannungsort diente, bezeugen Leprakirche und -friedhof. Heute zählt Robben Island zum UNESCO-Weltkulturerbe (Fähren verkehren wetterabhängig tgl. 9.00, 11.00, 13.00 und 15.00 Uhr ab Nelson Mandela Gateway, Dauer der Tour ca. 2,5 Std., www.robben-island.org.za).

❷ Castle of Good Hope

Der ab 1666 errichtete Festungsbau ist vor allem bei Wachablösung sehenswert, die die Soldaten mit Marschtritt und Kanonenschüssen zelebrieren (Mo.–Fr. 10.00 und 11.00, Sa. – nur Schießen – 11.00 und 12.00 Uhr). Bei einer Führung kommen Besucher auch in nicht frei zugängliche Bereiche wie den Kerker. Die William Fehr Collection im Repräsentationstrakt zeigt historisches Mobiliar, Gemälde und Porzellan (Darling/Buitenkant Streets, tgl. 9.00 bis 16.00 Uhr, www.castleofgoodhope.co.za).

❸ – ⓰ City Bowl

Kapstadts Innenstadtbereich, die City Bowl, ist grob durch die **Strand Street** im Norden, die **Orange Street** im Süden sowie **Buitengracht**

Tipp

Blick in zwei Ozeane

Eine der spannendsten Attraktionen der ❶ **Waterfront** ist das **Two Oceans Aquarium**: In riesigen Becken stellt es die Unterwasser-Lebensräume des Atlantiks und des Indischen Ozeans vor. Großen Wert legt die – auch kindgerechte – Präsentation auf den Umweltschutz. Und wirklich einmalig ist das Becken, das dem für den Atlantik charakteristischen Kelp Forest, dem Tangwald, gewidmet ist: Riesenalgen bilden einen Wald, in dem Fische Schutz und Nahrung finden.

www.aquarium.co.za
tgl. 9.30–18.00 Uhr

INFOS & EMPFEHLUNGEN

und **Plein Street** im Westen und Osten begrenzt. Während der Apartheid war die City Bowl ein weißes Wohngebiet; heute erleben Besucher hier das multikulturelle Flair Kapstadts am intensivsten. Ausgangspunkt für einen Bummel durch die Innenstadt ist die ❸ **City Hall** schräg gegenüber dem Castle of Good Hope. Der 1905 im Neorenaissancestil errichtete Kolonialbau ist an seinem (dem Big Ben nachempfundenen) Uhrturm leicht zu erkennen und beherbergt heute einen Konzertsaal und eine Bibliothek. Hier hielt Nelson Mandela nach der Haftentlassung am 11. Februar 1990 seine erste öffentliche Rede. In der von Geschäften gesäumten, nach Süden verlaufenden Adderly Street zieht die ❹ **Groote Kerk**, das im Kern aus dem 17. Jh. stammende Gotteshaus der niederländisch-reformierten Kirche, mit seiner klassizistischen Fassade die Aufmerksamkeit auf sich. Einige Schritte weiter erhebt sich die neugotische ❺ **St. Georges Cathedral** der anglikanischen Gemeinde, in der Bischof Desmond Tutu 1989 den Begriff „The Rainbow People" prägte. Bei ihr beginnt die Government Avenue mit den wichtigsten Bauten Kapstadts, die als Fußgängerzone die Company's Gardens durchquert. Die ❻ **Houses of Parliament** dienen seit Beginn des 19. Jhs. als Sitzungsort des Parlaments, das hier von Februar bis Ende Juni zusammenkommt. Im ❼ **Tuynhuis** gleich daneben residiert der Präsident, wenn er am Kap weilt. Uralte Bäume beschatten die Spazierwege in den ❽ **Company's Gardens**, die im 17. Jh. als Gemüsegärten angelegt wurden. Heute verbreitet der Rosengarten intensiven Duft, im Kräutergarten gedeihen einheimische Heilpflanzen, in Volieren zwitschern exotische Vögel. Weiter südwärts säumen mehrere ❾–⓬ **Museen** den Park (siehe mittlere Spalte). Anschließend geht es entweder durch den Park zurück oder auf der parallel verlaufenden Victoria Street zur ⓯ **St. George's Mall**, Kapstadts lebhaften Fußgängerzone, und weiter zum ⓮ **Green Market Square**. Der 1710 angelegte Marktplatz wird von historischen Häusern eingerahmt; wie das Old Mutual Building besitzen viele wunderbare Art-déco-Fassaden. Das zauberhafte Old Town House von 1755 zeigt sich stolz in kaphölländischem Baustil. Straßencafés laden zu einer Rast, die vielen Kunsthandwerks- und Souvenirstände zu

Trubel herrscht auf dem Green Market Square, wesentlich ruhiger geht es hingegen in den Kirstenbosch Botanical Gardens zu.

einem ausgiebigen Bummel. Niedrige, in kräftigen Farben bemalte Häuser säumen die leicht bergan führenden Straßen der ehemaligen Township ⓰ **Bo-Kaap** TOPZIEL zu Füßen des Signal Hill. Ab dem 18. Jh. siedelten sich hier Immigranten aus Südasien an. Dass die als Kap-Malaien bezeichneten Bewohner zu 90 % Muslime sind, ist Folge des 1950 in Kraft gesetzten Group Areas Act, mit dem Bo-Kaap zum Wohngebiet islamischer Südafrikaner wurde. Unter den vielen Bethäusern sticht die 1884 errichtete Boorhaanol-Moschee mit ihrem zweifarbigen Minarett ins Auge. Das attraktive Viertel steht zunehmend im Fokus von Immobilienspekulationen.

MUSEEN

Im **Bo-Kaap-Museum**, ein im Stil des 19. Jhs. eingerichtetes traditionelles Haus, lernen Besucher die reiche Kultur der malaiischen Gemeinschaft kennen (71, Wale Str., Mo.–Sa. 10.00–17.00 Uhr, www.iziko.org.za/museums/bo-kaap-museum). Das **Martin Melck House** (96 Strand Street, Mo.–Sa. 9.30–17.00 Uhr) widmet sich in seiner Ausstellung dem Leben Nelson Mandelas. Das **Gold of Africa Museum** (96, Strand Street, Mo.–Sa. 9.30–16.30 Uhr, www.goldofafrica.com) präsentiert Schmuckstücke und Kultgegenstände aus purem Gold. In der ❾ **South African National Gallery** (Government Avenue, tgl. 10.00–17.00 Uhr, www.iziko.org.za) in den Company's Gardens hängen Werke südafrikanischer Künstler und Arbeiten bekannter niederländischer und französischer Maler. Den Fokus auf Geschichte, Archäologie und Naturkunde Südafrikas legen das ⓫ **South African Museum** und dessen Dependence ⓬ **Bertram House** (25 Queen Victoria Street, tgl. 10.00–17.00 Uhr, www.iziko.org.za), die mit faszinierenden Exponaten wie riesigen Wal- und Dinosaurierskeletten und einer Felsbildgalerie der San auch Kinder begeistern. Ein moderner Anbau der 1862 errichteten Synagoge beherbergt das ⓴ **Jewish Museum**, das die Geschichte und Kunst der jüdischen Gemeinden Südafrikas illustriert (88 Hatfield Road, So.–Do. 10.00–17.00 Uhr, Fr. 10.00–14.00 Uhr, www.sajewishmuseum.co.za).

RESTAURANTS

€ **Mama Africa** (178 Long Street, Tel. 021 4 26 10 17, www.mamaafricarestaurant.co.za). Küche vom schwarzen Kontinent, begleitet

von buntem Musik- und Showprogramm – sehr touristisch, aber auch sehr unterhaltsam.
€ € **Bo-Kaap Kombuis** (7 August Street, Tel. 021 4 22 54 46, Mo. geschl., www.bokaapkombuis.co.za). Traditionelle Kap-Malaien-Küche mit Blick auf Tafelberg und Bo-Kaap.
€ € **Gold Restaurant** (15 Bennett Street, Tel. 021 4 21 46 53, www.goldrestaurant.co.za). Mit dem 14-Gänge-Menü reist man einmal quer über den Kontinent.

UNTERKÜNFTE

€ € **Rouge on Rose Boutique Hotel** (25 Rose Street, Bo-Kaap, Tel. 021 4260298, http://capetownboutiquehotel.co.za). Schicke Suiten mit Frühstück im Herzen von Bo-Kaap. Lunch und Dinner auf Vorbestellung.
€ € **Villa Lutzi** (6 Rosmead Street, Tel. 021 4 23 46 14, www.villalutzi.com). Entspanntes, zentral, aber sehr ruhig gelegenes B&B in einer hübschen Villa.
€ € € **Urban Chic Boutique Hotel** (172 Long Street, Tel. 021 4 26 61 19, http://urbanchic.co.za). Hier wohnen die Gäste sehr komfortabel mitten im Zentrum des kunterbunten Treibens an der Long Street.

SHOPPING

Vom Edelsouvenirladen zum Innenausstatter mit Africana, vom hippen Jeans-Store bis zu den als Geheimtipp gehandelten Modedesignern finden sich an der ⓭ **Long Street** Läden für jeden Geschmack und Geldbeutel. Schauen Sie bei **Merchants on Long Street** (34, Long Street, www.merchantsonlong.com) vorbei, die schicke Kleidung, Taschen, Schmuck und Accessoires Made in Africa verkaufen. Traditionelle afrikanische Mode bekommen Sie bei **Meiga** (96 Long Street, Tel. 021 4 26 15 19), ausgefallene Souvenirs bei **Tribal Trends** (72–74, Long Street).

> **Tipp**
>
> ### Soziales Souvenir
>
> Bunt wie die Häuser in Bo-Kaap sind die aus Glasperlen gearbeiteten Menschen- und Tierfiguren im „Monkeybiz" (61 Wale Street, Mo.–Fr. 9.00–17.00, Sa. 9.00–13.00 Uhr). Mit dem Kauf eines dieser originellen Mitbringsel macht man nicht nur Daheimgebliebenen eine Freude, sondern unterstützt auch mittellose Frauen, die sich mit den Perlenarbeiten ein Zubrot verdienen.

VERANSTALTUNGEN

Anfang Januar versetzt der **Cape Minstrel Carnival** die Stadt in Hochstimmung. Mitte Juli versammeln sich zum **Cape Town Festival** beliebte Musiker und Bands aus Südafrika, um mit ihren Zuhörern vier Tage zu feiern. Ende September hallt der Startschuss zum **Cape Town Marathon** durch die Adderly Street.

UMGEBUNG

Kein Kapstadt-Besuch ohne Fahrt auf den ⑱ **Tafelberg TOPZIEL**. Die moderne Seilbahn bringt die Passagiere schnell zum 1085 m hohen Plateau: In um die eigene Achse rotierenden Großkabinen genießen Sie unterwegs immer neue, fantastische Ausblicke auf Stadt und Küste. Oben angekommen, führt ein Rundweg zu mehreren Aussichtspunkten (Table Mountain Aeral Cableway, Tel. 021 4 24 81 81, Kernbetriebszeit 8.30–17.00 Uhr, kein Betrieb bei starkem Wind oder schlechtem Wetter, aktuelle Informationen www.tablemountain.net).
Die ⑲ **Kirstenbosch Botanical Gardens** bedecken ein 528 ha großes Gebiet an der Ostflanke des Tafelbergs. 36 ha sind als Garten gestaltet, der Löwenanteil ist mit Wäldern und Fynbos bewachsen. 1913 angelegt, widmete sich der Botanische Garten als erster weltweit ausschließlich heimischer Flora, die heute mit über 7000 Arten vertreten ist. Einer der Höhepunkte im Kreislauf der Jahreszeiten ist die Proteenblüte (Mai–Okt.). Eine detaillierte Auflistung der jeweiligen Blütezeiten findet sich auf der Website (April–Aug. 8.00–18.00, Sept. bis März 8.00–19.00 Uhr, www.sanbi.org/gardens/kirsten bosch). Der Abstecher nach ⑳ **Groot Constantia** zum ältesten Weingut Südafrikas lässt sich gut mit dem Besuch von Kirstenbosch und einer Fahrt um die Kaphalbinsel verbinden. Das 1699 erbaute und Ende des 18. Jhs. erweiterte Herrenhaus mit den geschwungenen Giebeln ist typisch für den kaphölländischen Baustil. Das in ihm untergebrachte Museum zeigt Möbel, Gemälde und Porzellan des 18./19. Jhs. (Groot Constantia Rd., tgl. 10.00–17.00 Uhr, www.grootconstantia.co.za). Im angeschlossenen € € € **Jonkershuis Restaurant** speist man vorzüglich. Auch die Tour um die Kaphalbinsel zum legendären ㉒ **Kap der Guten Hoffnung TOPZIEL** wird wärmstens empfohlen. Zwischen Hout Bay und Noordhoek wurde der ㉑ **Chapman's Peak Drive** in schwindelerregender Höhe in den Fels gesprengt und erlaubt beste Blicke auf die Küstenlinie. Eine Stichstraße führt hinter dem bei Surfern beliebten Strand von Scarborough nach Süden durch dichte Fynbos-Vegetation zum Kap der Guten Hoffnung. Auf dem Rückweg wartet die ㉓ **Pinguinkolonie von Simon's Town**, während die bei den Kapstädtern beliebten Strände um ㉔ **Muizenberg** mit ihren bunten Strandhäuschen (140 km) zum Bad verführen.

INFORMATION

Cape Town Tourism, Pinnacle Building Ecke Burg & Castle Streets, Tel. 086 1 32 22 23, www.capetown.travel; V&A Waterfront, Tel. 021 4 08 76 00

KAPSTADT & KAP-HALBINSEL
36 – 37

Genießen   Erleben   Erfahren

Tausend Aromen – eine Küche

Die südafrikanische Küche ist ebenso vielfältig wie die Völker der Regenbogennation. Nirgendwo sonst erlebt der Gast die Unterschiede und Besonderheiten südafrikanischer Kochkunst so direkt und intensiv wie bei einem Essen mit Einheimischen.

Helen und Moses, Gastgeber von „Dine with Khayelitsha", haben sich für den Empfang ihrer Gäste nicht herausgeputzt – Südafrikaner jeglicher Herkunft lieben es leger. Das Xhosa-Ehepaar lädt zu einem Abendessen in ihrem Häuschen im größten Township von Kapstadt ein. Zur Begrüßung gibt's Bier, und schon nach zehn Minuten haben sich Gastgeber und Gäste in beste Freunde verwandelt, die über alles offen plaudern. Wo überall sie in Südafrika schon gewesen waren, erzählen die Gäste bei einem delikaten Umfino, einem traditionellen Gemüsegericht aus Spinat und Kohl. Das Thema Artenschutz und Jagd bietet sich angesichts der scharfen Kudu-Stew an, dem Helen mit dem beliebten Mrs Balls Chutney die letzte Würze verleiht und dazu Süßkartoffeln serviert. Und natürlich führt kein Weg an der leidigen Politik der ANC-Bonzen vorbei, während Helen die Nerven mit einer Ingwer-Zimt-Tarte beruhigt, die als Reverenz an den Geschmack der Gäste zubereitet wurde – traditionell gibt es in der Xhosa-Küche keinen Nachtisch.

Fazit: Wer bei „Dine with ..." ein Abendessen mit Kapstädtern bucht, der bekommt genau das und gewinnt neue Freunde.

Weitere Informationen

Das Unternehmen „Dine with ..." organisiert wöchentlich Abendessen in Townships im Raum Kapstadt. Die Gastgeber sind farbige Kapstädter und kochen ihren jeweiligen Traditionen entsprechend. In einem muslimischen Haushalt wird z.B. kein Schwein zubereitet oder Alkohol ausgeschenkt.

Das dreigängige Menü kostet, Getränke inklusive, um die 450 Rand/Person. Wer Wert auf besondere Weine legt, kann diese selbst mitbringen. Der Transfer wird organisiert.

Buchung und Termine unter http://dinewith.co.za

Authentischer geht's nimmer – bei „Dine with a Local" speist man mit neuen Freunden.

WESTKÜSTE & KALAHARI
38 – 39

Karge Schönheit im Nordwesten

Zwischen Kapstadt und dem Grenzfluss Oranje im Norden zeigt sich Südafrika von seiner eher spröden Seite: Die karge, von den Atlantikwellen zerfurchte Küste geht in ebenso karges Hinterland über, dessen spärliche Vegetation es als Halbwüste ausweist. Dass in dieser trotz der Wasserarmut faszinierenden Landschaft Menschen zu überleben verstanden, davon erzählen die geheimnisvollen Felsbilder der San in den dramatisch zerklüfteten Cederbergen ebenso wie die Basthütten der Nama, der letzten Halbnomaden Südafrikas.

Im Kgalagadi Transfrontier National Park:
Gewitterwolken über der Kalahariwüste

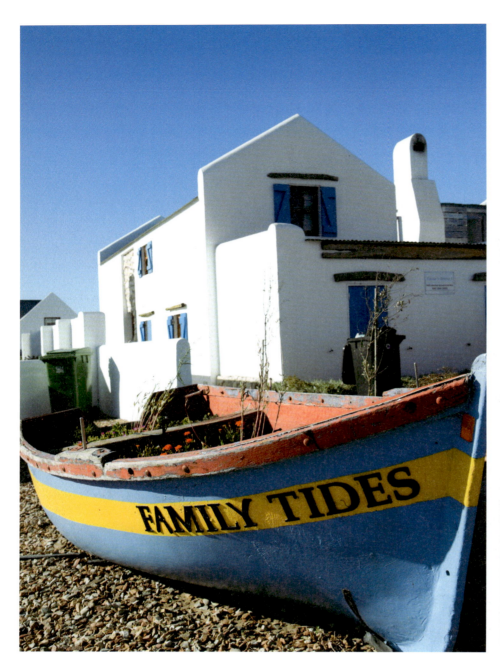

Stillleben an der Westküste

Die Kitesurfer am Strand von Langebaan wissen den Cape Doctor zu schätzen, einen Fallwind, der hauptsächlich im Sommer der Südhalbkugel aus Süden weht.

WESTKÜSTE & KALAHARI

Der Atlantik bringt reiche Gaben, in diesem Fall fangfrische Langusten.

Atlantikfischer wie hier in Velddrif hängen ihren Fang zum Trocknen und Konservieren an langen Stangen auf.

Man braucht schon eine gute Kondition, um ein Mittagessen in dem Strandlokal „Die Strandloper" in Langebaan zu überstehen. Wobei „Lokal" in diesem Fall ein paar Holzbänke und -tische meint, die von Zeltbahnen überdacht werden. Die Speisekarte listet einen einzigen Posten auf: ein zehngängiges Menü aus allem, was die Fischer hier um Langebaan und Paternoster so aus dem Atlantik ziehen. Und das ist eine Menge: Muscheln, Sardinen, Snoeks (Hechtmakrelen), Bokkoms (eine Meeräschenart), Hummer ... Einzige Beilage ist Roosterkoek – das über dem Braai-Stand gegrillte Brot bringen die Gäste ebenso wie Wein oder Bier selbst mit; gegessen wird, unterstützt von einer Muschelschale, mit den Händen.

Die erstaunliche Vielfalt an Meeresgetier in diesem Küstenabschnitt ist dem nährstoffreichen Benguela-Strom zu danken, der an der Westküste nach Norden strebt. Die Fische wiederum ernähren nicht nur die Gäste des Strandloper, sondern auch die zahlreichen Vogelarten, die die unwirtlich scheinende Küste des Westkaps bevölkern.

Die Lagune von Langebaan ist Teil des West Coast National Park. Unter seinen rund 750 000 Vögeln sind Rosaflamingos, Pelikane, Fischadler, Regenpfeifer und Seidenreiher, im Hinterland suchen Gackeltrappen, Mohrenweihen und Kapbeutelmeisen Nahrung. Strandloper (Strandläufer) staksen zu Hunderten durch das Flachwasser und picken nach Würmern, während sich weiter draußen Windsurfer von dem aus Süd wehenden Cape Doctor übers Wasser jagen lassen. Die Lagune von Langebaan ist nicht nur Naturschutzgebiet, sie zählt auch zu den besten Spots für Wind- und Kitesurfer.

Ein Volk stirbt aus

Strandloper nannten die ersten Siedler auch jenes seltsame Volk, auf das sie an den Küsten stießen. Die so bezeichneten Menschen waren feingliederig, hatten helle, fast rötliche Haut und hohe Backenknochen – und sie lebten von dem,

Morgennebel über einem Tal in den Cederberg Mountains

In Höhlen wie unter Felsüberhängen der Cederberg Mountains hinterließen die San Felsmalereien. Bevorzugt dargestellt werden Menschen und Tiere – oft auch Jagdszenen. Typisch sind zudem Selbstdarstellungen von Schamanen. Zum Malen verwendete man Pflanzensäfte und Erdfarben; auch Tierblut wurde verwendet, um die Wirkung zu intensivieren.

Idyllisches Refugium n den Cederberg Mountains: Farm und Weingut Dwarsrivier

Bei Upington: Im ariden Nordwesten stürzt der Oranje, der Grenzfluss zwischen Südafrika und Namibia, über Granitfels in eine tiefe Schlucht.

In den Höhlen von Stadsaal in den Cederberg Mountains

Blühendes Namaqualand

Special

Blühendes Namaqualand

Das Städtchen Springbok badet im Frühjahr in einem Blütenmeer und wird dann zum Besuchermagneten.
Die Bergwerksstadt Springbok liegt im Herzen des Namaqualandes und damit im Zentrum der Sukkulenten-Karoo, wie die Region im Nordwesten Südafrikas botanisch eingeordnet wird. Dass diese Halbwüste zu den Biodiversitäts-Hotspots der Erde zählt, ist auf den ersten Blick kaum zu begreifen. Das staubige, mit kargen Büschen und Köcherbäumen bestandene Land sieht nicht aus, als wurzelten hier 3500 Pflanzenarten. Und erst recht nicht, als würde es jemals eine andere Farbe annehmen können als monotones Graubraun. Doch dann kommt der Regen. Nur im Südwinter fällt überhaupt etwas Niederschlag und dann mit 200 bis 500 Millimeter ziemlich wenig. Doch den berühmten Namaqualand-Dassies und ihren vielen Artgenossen genügt dies bereits, um auszutreiben. Über Nacht verwandelt sich die Wüste in eine kunterbunte Farbpalette. Afrikanische Goldblumen und Kapkörbchen recken ihre orangefarbenen, roten, gelben Blüten der Sonne entgegen, Nektarvögel, Bienen und Schmetterlinge umschwirren den reich gedeckten Tisch. Auch Erdmännchen und Strauße profitieren vom Nahrungsangebot. Emsig wird gesammelt, denn das Wunder dauert nur kurz: Einen Monat später ist das Land schon wieder trocken und grau.

Ohne Regen kein Bogen – und keine Blüte

was sie während ihrer Wanderungen die Küsten entlang sammelten: gestrandete Wale oder Robben sowie eine Menge Schalentiere. Wie die *bosjesmanne* (Buschmänner) genannten San bedienten sich die Nama, zu denen die Strandloper gehörten, einer Sprache mit zahlreichen Klicklauten. Während die San durch die Savannen nomadisierten und mit Fallen und einfachsten Waffen Jagd auf das Wild machten, lebten die Nama als Viehzüchter mit ihren Schafherden in den arideren Regionen des nordwestlichen Südafrika. Dem Druck der Kolonisation war dieses Volk ebenso wenig gewachsen wie die San. Viele starben an den eingeschleppten Pocken, andere wichen vor den Weißen in abgelegenere Regionen aus. Heute sind sie weitgehend aus Südafrika verschwunden, nur in dem Namen „Namaqualand" für die nordwestliche Provinz lebt die Erinnerung an die Nama weiter.

Hinzu kommen einige wenige Familien, die in der neu geschaffenen Richtersveld Cultural and Botanical Landscape an der Grenze zu Namibia das Halbnomadenleben ihrer Vorfahren führen, mit Viehherden und den aus Bastmatten errichteten transportablen Rundhütten. Dass die Nama mit ihrer nachhaltigen Weidewirtschaft durch das Richtersveld ziehen, brachte dem

Köcherbäume im Augrabies Falls National Park. Die im südlichen Afrika endemische Pflanze, aus deren Ästen die Buschmänner Pfeilköcher herstellten, ist ein Überlebenskünstler: Das schwammartige Gewebe in Stamm und Ästen speichert Wasser, das den Baum durch die trockenen Monate rettet.

Kgalagadi Transfrontier Park: Auch Löwen ist manchmal zum Gähnen zumute, ...

... erst recht angesichts der spitzen Hörner der Oryx-Antilopen, die ihnen Beute und Mahl verleiden.

Schutzgebiet im Jahr 2007 den Status eines UNESCO-Weltkulturerbes ein.

Bizarre Skulpturen und rote Büsche

Über 2000 Meter hohe, aus Sandstein aufgebaute Gipfel fassen im Massiv der Cederberg Mountains eine Landschaft ein, in der das anarchische Kräftemessen von Wind, Sonne und Wasser die eigenartigsten Skulpturen hervorbrachte. Bögen, Steinkreuze, tiefe, wild gezackte Spalten bilden ein Wander- und Kletterrevier für Kenner und Könner, unter Überhängen und in Höhlen warten Felsbilder der Ureinwohner auf Entdecker. In dieser ebenso schönen wie unwirtlichen Landschaft wächst ein Busch, dessen Rinde rötlich gefärbt ist wie die Felsen ringsum. Die San zupften seine Blätter ab, zerstießen sie und trockneten sie in der Sonne. Das daraus aufgegossene Getränk war wohlschmeckend, besaß eine natürliche Süße und wirkte heilsam bei den verschiedensten Beschwerden. Im Jahr 1772 zeigten San dem schwedischen Botaniker Carl Peter Thunberg den Busch, den dieser in seinem Forschungsbericht *Prodromus Plantarum Capensium* akribisch beschrieb. Bis Rooibos, so der Name auf Afrikaans, kommerziell verwertet werden konnte, dauerte es weitere 130 Jahre. Dann kam ein russischer Teehändler auf den Geschmack und löste einen Rooibos-Boom aus, der zur Kultivierung dieser Pflanze führte. Rund 12 000 Tonnen produzieren die Farmer heute im Jahr – fast ausschließlich in den Cederbergen.

Die schwarzen Löwen der Kalahari

Man sagt, sie seien aggressiver als ihre wohlgenährten Artgenossen aus den fruchtbareren Regionen Südafrikas: Die Kalahari-Löwen, deren Markenzeichen eine dunkle, nahezu schwarze Mähne ist, stehen nicht jeden Tag vor einem üppig gedeckten Gabentisch der Natur, denn sie leben in der Wüste. Ihre bevorzugte Nahrung, die Oryx-Antilope, ist mit pfeilspitzen Hörnern ausgestattet, vor der auch die Löwen großen Respekt haben. Gelingt eine Jagd nicht, kann es Tage dauern, bis sich die nächste Gelegenheit bietet. Dann vergessen die Löwen ihren Stolz und stillen den Hunger mit Kleinvieh – Stachelschweinen, Erdferkeln oder sogar Mäusen.

Kgalagadi ist der Name, den die San dieser faszinierenden Landschaft gaben. Der grenzübergreifende Kgalagadi-Nationalpark, den Südafrika sich mit Botswana teilt, gehört wohl zu den eindrucksvollsten Naturschutzgebieten des Landes. Vereinzelt stehende Kameldornbäume markieren den Verlauf unterirdischer Wasseradern. Webervögel flechten riesige, Heuballen ähnelnde Sammelnester in ihre Kronen, während darüber Schlangenadler ihre Kreise drehen. Erdmännchen, Tüpfelhyänen, Honigdachse, Geparde und Löffelhunde durchstreifen dieses Meer aus Sand, dessen Wellen zu nahezu parallel gestaffelten Dünen erstarrt sind. In den Tälern dazwischen äsen Antilopen und Springböcke an magerem Gras.

In den Tälern äsen Antilopen und Springböcke.

Am späten Nachmittag werden die Schatten der Dünen immer länger, die Täler verlieren sich im Schwarz, während die Sandrücken von der Sonne umschmeichelt in tiefem Rot erstrahlen. Dann ist es Zeit für den Sundowner, ein kühles Bier oder ein Glas Weißwein hoch oben auf dem Dünenrücken, in stiller Ehrfurcht vor so viel Pracht.

**DUMONT
THEMA**

DIE KULTUR DER SAN

Auf der Suche nach der verlorenen Zeit

*Marginalisiert und durch Alkohol ihrem traditionellen Leben entfremdet, schienen
die San den Bezug zu ihrer uralten Kultur gänzlich zu verlieren. Doch die
Rückgabe von Land an San-Gemeinschaften und deren Einbindung in nachhaltige
Tourismusprojekte in der Kalahari haben die traditionellen Strukturen wiederbelebt.*

San demonstrieren ihre traditionelle Fertigkeit der Schmuckherstellung, bei der auch die Schalen von Straußeneiern verwendet werden (!Xaus Lodge, Kgalagadi-Nationalpark).

Normalerweise läuft !Xama im blauen Overall herum, so wie die meisten, die in Südafrika Farmarbeit verrichten. Für uns hat er sich aber in Schale geworfen – sprich: einen Lendenschurz aus weichem Leder angelegt, sein Stirnband aus Straußeneierperlen umgebunden und sich eine Kette aus Amuletten und Warzenschweinzähnen umgehängt. Er und sein Freund Gishay führen uns nun hinaus auf die Salzpfanne zu Füßen der !Xaus Lodge, um zu demonstrieren, wie die San jagen. Wir sind erst wenige Meter gelaufen, da betrachten die beiden aufmerksam den Boden, diskutieren, weisen mit den Händen in eine Richtung und machen uns mangels englischer Sprachkenntnisse verblüffend anschaulich vor, wer hier unterwegs war: ein Vogel Strauß.

In der afrikanischen Mythologie spielt der Strauß meist die Rolle des etwas überheblichen, recht dummen Tieres. Die San haben seine Verhaltensweisen über Generationen hinweg studiert und können sie geschickt nachahmen: Mühelos locken sie Straußenmütter von ihren Nestern weg, indem sie vorgeben, ein verirrtes Junges zu sein. Ist die Henne abgelenkt, werden die Eier geplündert. Diese gelten als Delikatesse und wichtiger Eiweißlieferant.

Hier aber ist das Nest des Laufvogels leer und schnell geht's weiter. Nebenher pflücken die beiden ein paar Grünpflanzen, mit denen man Zahnschmerzen betäuben kann. Sie erschrecken einen Skorpion unter seinem Stein, über dessen Flucht sie sich totlachen, und werden ganz ernst, als eine Herde Spießböcke majestätisch vorbeigaloppiert. Zum Schluss zeigen sie noch die Höhle eines Honigdachses und wie sie ihn herauslocken – indem sie Feuer legen.

DUMONT
THEMA

Die enormen Fähigkeiten der San als Fährtenleser machten sich zuletzt auch deutsche Wissenschaftler von der Universität zu Köln und vom Neanderthal Museum in Mettmann zunutze, um die Fuß- und Handspuren vorzeitlicher Jäger in den abgelegenen Höhlen der Pyrenäen zu deuten.

!Xaus ist ein südafrikanisches Modellprojekt. Die Lodge liegt im Kgalagadi-Nationalpark und auf Land, das der Staat einer Gemeinschaft der ‡Khomani-San zurückgegeben hat. Die Gruppe hat darauf eine Lodge gebaut und sie an ein Unternehmen verpachtet, das sie nachhaltig führt und den San damit Einkommen sichert. Zusätzlich wurde ein Museumsdorf errichtet, in dem die Gäste zusehen können, wie Kunsthandwerk entsteht, während erfahrene Jäger Gäste durch den Busch führen. Warum sie das im Folkloreoutfit tun? Nun, es ist einfach fotogener. !Xama und Gishay fühlen sich dadurch nicht beeinträchtigt.

Konfrontation mit der Moderne

Rund 10 000 San, so schätzt man, leben noch in Südafrika, die meisten unter ärmlichen, teils dramatischen Umständen. In der Konfrontation mit der Moderne hat sich die Identität dieses ältesten afrikanischen Volkes einfach aufgelöst. Sie hatten nichts entgegenzusetzen – nicht der Arbeitslosigkeit, nicht dem Alkohol, nicht Tuberkulose oder Aids. Dass überhaupt noch traditionelle Lebensformen überdauern konnten, gleicht einem Wunder. Nun, da man die Bedrohung dieser Kultur wie ihre touristische Attraktivität erkannt hat, sprießen Projekte mit San-Gemeinschaften aus dem Boden. Eines davon ist !Khwa ttu – Lodge, Restaurant, Konferenzzentrum und Museumsdorf in einem. Klar: Hier wird eine jahrtausendealte Kultur vermarktet – aber hier werden auch junge San als Kultur- und Naturguides ausgebildet. Dabei lernen sie ihre eigenen Traditionen, von denen sie das Leben in den Townships meilenweit entfernt hatte.

Bosjesmanne (Buschmann), der von den ersten Siedlern abschätzig gemeinte Name, blieb an ihnen hängen, bis sich der politisch korrektere Sammelbegriff „San" durchsetzte. Der aber genau genommen auch nicht stimmt: „San" nannten die Nama ihre Nachbarvölker; diese selbst nennen sich je nach Herkunftsregion !Kung, Ju'hoansi oder ‡Khomani. Spricht man über die Gemeinschaft aller Volksgruppen, verwenden die meisten letztlich doch wieder den alten Sammelbegriff: Buschmänner.

Auf einen Blick

www.tracking-in-caves-online.de

!Xaus Lodge, Tel. 021 7 01 78 60, www.xauslodge.co.za
!Khwa ttu, Tel. 022 4 92 29 98, www.khwattu.org

Das South African San Institute SASI bündelt Projekte und Forschungsarbeiten: **www.san.org.za**

WESTKÜSTE & KALAHARI
48 – 49

Ein San führt die uralte Methode des Feuermachens vor. Diese und andere Traditionen mussten von den modernen Angehörigen des Volkes oft erst wieder erlernt werden.

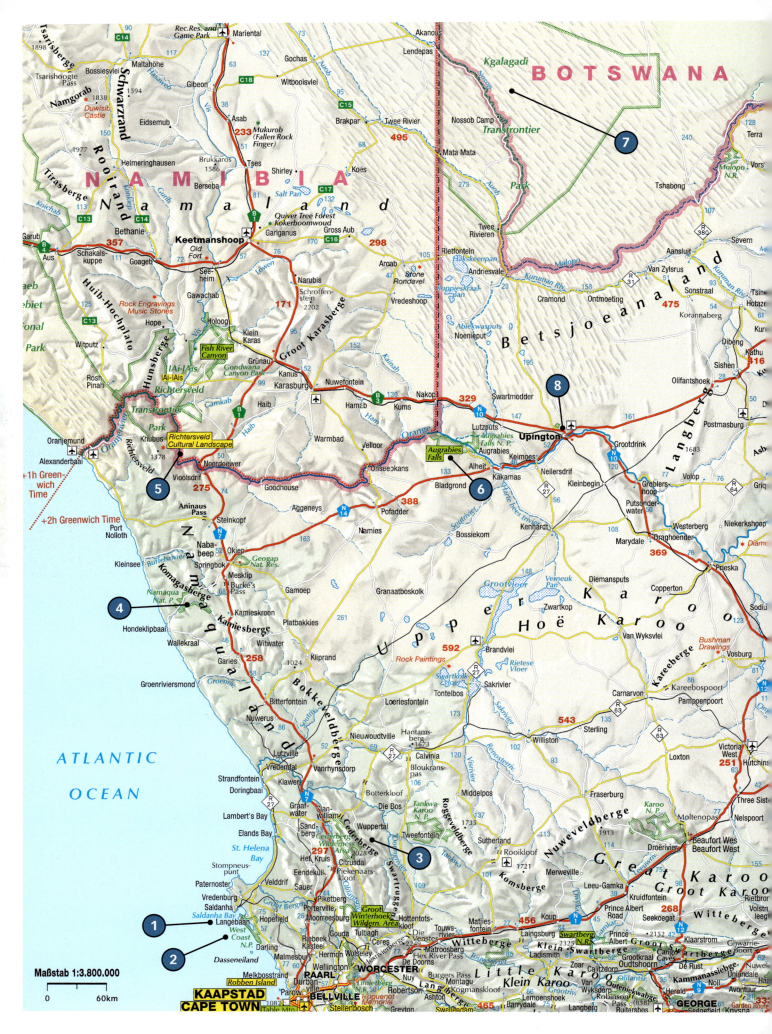

INFOS & EMPFEHLUNGEN   WESTKÜSTE & KALAHARI
                                                                                                                         50 – 51

In den Weiten von Karoo und Kalahari

Großartige karge Naturlandschaften prägen die dünn besiedelte Provinz Northern Cape, in der sich Reisende weitab der Zivilisation fühlen. Lange Fahrstrecken durch die Halbwüste der Karoo und der Kalahari sind zu bewältigen, um Naturwunder wie Augrabies Falls oder den Kgalagadi-Nationalpark zu erreichen.

Langebaan

Der lebhafte Ferienort ist eine beliebte Sommerfrische und Ausgangspunkt für den Besuch des West Coast National Park. Hotels, Ferienwohnungen und Campingplätze säumen die tief ins Land greifende Lagune. Eine Vielzahl von Wasservögeln, zu der sich im Sommer auch Zugvögel gesellen, bevölkert die Lagune und ihre sumpfigen Ufer.

AKTIVITÄTEN

Wind- und Kitesurfen, Kajakfahren, SUP – auf der Lagune werden alle Arten von Wassersport betrieben. Das Cape Sports Center (98 Main Road, Langebaan, Tel. 022 7 72 11 14, www.capesport.co.za) verleiht Ausrüstung und bietet Kurse an. Exkursionen mit Seekajaks kann man auch in Paternoster, 45 km weiter nördlich, unternehmen und dabei mit Walen und Seehunden paddeln (Kayak Paternoster, Tel. 082 8 24 89 17). Oliphantskop Horse Trails organisieren kurze wie mehrtägige Ausritte rund um Langebaan und Saldanha Bay (gegenüber Club Mykonos, Tel. 022 7 72 23 26, www.oliphantskop.co.za). Hochseefischen oder Angeln in der Lagune veranstaltet Langebaan Fishing Trips (Mobiltel. 082 7 75 56 97, www.fishingtrips.co.za).

RESTAURANTS & UNTERKÜNFTE

€ € € **The Farmhouse** (5 Egret Street, Langebaan, Tel. 022 7 72 20 62, www.thefarmhousehotel.com). Das etwas oberhalb gelegene Herrenhaus im kapholländischen Stil ist eine romantische Unterkunft mit exzellentem Restaurant.
€ € **Paternoster** Dunes Boutique Guesthouse (18 Sonkwas Street, Tel. 022 7 52 22 17, www.paternosterdunes.co.za). Fünf elegante Zimmer direkt am Strand.
€ € **Die Strandloper** (Langebaan, Tel. 022 7 72 24 90, www.strandloper.com). Schlemmen am Strand, 10 Gänge Fisch und gute Laune.
€ € € **Voorstrandt Restaurant** (Strandloper Street, Paternoster, Tel. 022 7522038, www.voorstrandt.com). Gehobene Küche in einem Strandhaus mit hübscher Veranda.

INFORMATION

Langebaan Information Centre
Marra Square, Bree Str, Langebaan
Tel. 022 7 72 15 15,
www.capewestcoastsa.co.za

Impressionen von der südafrikanischen Westküste: Strand bei Langebaan, Wildblumen am rauen Cape Columbine bei Paternoster

Tipp

Die Sterne über Afrika

Das 1450 m hoch gelegene Karoo-Städtchen Sutherland gilt als einer der kältesten Plätze Südafrikas – und als Ort mit dem klarsten und dunkelsten Nachthimmel. Deshalb steht etwas außerhalb und knapp 400 m höher ein Observatorium mit dem größten optischen Einzelteleskop der südlichen Hemisphäre. Bei Tages- und (wesentlich spannenderen) Nachttouren erfahren Besucher, welche Arbeit hier geleistet wird und dürfen durch eigens dafür aufgestellte Teleskope selbst den Himmel erforschen. Telefonische Anmeldung erforderlich.

SAAO, Tel. 023 5 71 24 36
www.saao.ac.za

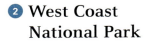 West Coast National Park

Kerngebiete des Nationalparks sind die Lagune von Langebaan sowie die fünf der Saldanha Bay vorgelagerten Inseln, auf denen über 250 000 Seevögel nisten und Robben und Pinguine leben. Auch die Salzsümpfe rund um die Lagune ziehen zahllose Vögel an. Im Lauf der Jahre wurde das Schutzgebiet landeinwärts ausgeweitet, wo die artenreiche Fynbos-Vegetation im August/September die Landschaft mit bunten Blumenteppichen überzieht. Die beste Zeit für die Vogelbeobachtung ist der frühe Morgen, bevor die Flut in die Lagune drängt. Vom Unterstand Geelbek Hide am tiefsten Punkt der Lagune lassen sich dann Tausende Vögel erspähen. Das Informationszentrum des Parks befindet sich ebenfalls hier. Unterkunft für Selbstversorger bieten mehrere Cottages (zu buchen über SANParks) sowie zwei Hausboote in der Lagune (www.kraalbaaihouseboats.co.za/).

INFORMATION

West Coast National Park
Tel. 022 7 72 21 44/45
www.sanparks.org

INFOS & EMPFEHLUNGEN

❸ Cederberg Wilderness Area

Das 180 km landeinwärts gelegene Gebirge mit dem 2027 m hohen Sneeuberg erhebt sich als Landmarke über die weitgehend ebene Halbwüste. In den fruchtbaren Tälern wird Rooibos angebaut. Unter Naturschutz steht die knapp 800 km² große Cederberg Wilderness Area, in der seltene Pflanzen und die zu bizarren Skulpturen erodierten rötlichen Sandsteinfelsen sehenswert sind. Ausgangspunkt für Wanderungen ist die Algeria Forest Station, wo die Ranger Permits ausstellen, Karten verkaufen und Besucher im Camp übernachten können.

INFORMATION
Cederberg Wilderness Area, CapeNature
Tel. 021 4 83 01 90, www.capenature.co.za

❹ Namaqualand

Namensgeber dieses ariden Landstrichs zwischen Lambert's Bay und dem Oranje sind die Nama. Die früher im ganzen Westkap beheimateten Viehzüchter führten in der kargen Steppe mit ihren Herden ein halb nomadisches Leben. Vor der Zuwanderung von Völkern aus Zentralafrika wie später der weißen Siedler wichen die Nama in immer unwirtlichere Regionen aus. Nur noch 50 000 Nama leben heute in Südafrika. Berühmt ist die Region für die **Wildblumenblüte**, die das Land nach den Regen im August und September mit einem Farbenmeer überzieht (Hotline-Tel. 072 7 60 60 19 oder 021 4 18 37 05).

SPRINGBOK
Mitte des 19. Jhs. eröffneten weiße Einwanderer eine Kupfermine und gründeten kurz darauf das Städtchen **Springbok**. Aber schon lange vor den Weißen hatten die San auf ihren Streifzügen in der Region Kupfererz geschürft und auf einfachste Art verhüttet. Heute ist Springbok der Hauptort des Namaqualandes und vor allem Versorgungsposten für die Minen in der Umgebung und die Diamantenschürfer, die im Sperrgebiet an der Küste für die Richtersveld Mining Company nach den wertvollen Steinen suchen.

UNTERKUNFT
Als Ausgangspunkt für Touren zur Wildblumenblüte besitzt Springbok mehrere Gästehäuser. Empfehlenswert ist € € € **Annie's Cottage Guesthouse**, eine romantische Unterkunft mit luftiger Veranda und hübschen Zimmern (4, King Street, Springbok, Tel. 027 7 12 14 51, www.anniescottage.co.za).

INFORMATION
Namakwa Tourism Information, Voortrekker St., Springboek, Tel. 027 7 12 80 35, www.namakwa-dm.gov.za, www.experience northerncape.com

❻ Augrabies Falls National Park

Hauptattraktion des **Augrabies Falls National Park** TOPZIEL sind die Wasserfälle des Oranje River, der auf einer Breite von 150 m in mehreren Wasserarmen und Kaskaden 56 m tief stürzt. Nur einige Köcherbäume und andere trockenheitsresistente Pflanzenarten überleben in der Halbwüste; auch die Tierwelt ist angepasst. Wanderwege führen zu geologischen Besonderheiten wie dem Moon Rock (s. DuMont Aktiv S. 53) oder dem Echo Corner, wo das Echo vier Sekunden lang zwischen den Felsen hin- und herspringt. Die 18 km lange Schlucht des Oranje unterhalb der Fälle kann man im dreitägigen Klipspringer Hiking Trail durchwandern (Anmeldung erforderl.). Unterkunft findet man auf dem Zeltplatz oder in den Chalets des zentral gelegenen Camps (Reservierung und Anmeldung für den Trail über SAN-Parks, Tel. 054 4 52 92 00, www.sanparks.org).

UNTERKUNFT
Wer Wert auf größeren Komfort und exzellentes Essen legt, sollte in der nur 4 km entfernten € € € **Dundi Lodge** einkehren (Augrabies Falls, Tel. 054 4519200, www.dundilodge.co.za). Zur Lodge gehört ein privates Wildschutzgebiet mit großem Tierbestand.

INFORMATION
Augrabies Falls National Park, The Warden
Tel. 054 4 52 92 00
www.sanparks.org/parks/augrabies

> *Berühmt ist das Namaqualand für die Wildblumenblüte, die das Land im Frühjahr mit einem Farbenmeer überzieht.*

❼ Kgalagadi Transfrontier Park

Der 36 000 km² groß **Kgalagadi Transfrontier Park** TOPZIEL wurde durch Zusammenlegung des botswanischen Gemsbok National Park und des Kalahari Gemsbok National Park in Südafrika geschaffen. Zwei Trockenflüsse, Auob und Nossob, durchqueren den Park von Nordwest nach Südost und bilden die Hauptadern, entlang derer Pirschfahrten stattfinden. Einzigartig sind Landschaft wie Tierwelt der **Kalahari**. Deren Dünen zeigen sich weitgehend vegetationslos, während in den Dünentälern verschiedene Gräser wachsen. Charakteristisch sind auch die Salzpfannen, zu denen das Wild zur Salzlecke kommt. Giraffen, Oryx-Antilopen und Springböcke ziehen durch diese scheinbare Einöde, die doch erstaunlich große Herden ernährt. Typische Bewohner des Parks sind schwarzmähnige Löwen und Erdmännchen, Strauße und Schlangenadler, Ohrengeier und emsige Webervögel.

AKTIVITÄTEN
Für Fahrten durch den Nationalpark ist ein geländegängiges Fahrzeug hilfreich. Die beiden Hauptpisten verlaufen in den Trockenbetten von Nossob und Auab, Nebenpisten erschließen interessante Randbereiche. Die besten

---

Mit Weitblick: Erdmännchen bei der Ausschau nach Feinden – mit Durchblick: Wanderer am Wolfberg Arch in den Cederbergen

Tipp

UNESCO-Weltnaturerbe

In der rund 160 km² großen gebirgigen ❺ **Richtersveld Cultural and Botanical Landscape** im Nordwesten des heutigen Namaqualandes praktizieren einige Nama-Familien nach wie vor Wanderweidewirtschaft, ziehen also mit ihren Schafen und Eseln zwischen höher gelegenen Regionen und der Halbwüste des Richtersveld hin und her. Charakteristische Unterstände der Hirten sind aus Bastmatten errichtete Hütten. Das Tourist Center in Ekklesfontein vermittelt Führer, die Besucher durch die harsche Landschaft begleiten, und weist Unterkünfte nach.

Kontakt: Volenti van der Westhuizen, Tel. 027 8 51 71 08, www.richtersveld.net

Zeiten zur Wildbeobachtung sind der frühe Morgen und der späte Nachmittag/frühe Abend. Einige Camps bieten auch geführte Pirschfahrten und Wildniswanderungen an. Nach (sehr seltenen) Regenfällen können die Wege unpassierbar sein.

CAMPS UND LODGES
Das Hauptzugangstor befindet sich an der Südspitze des Nationalparks bei Twee Rivieren. Eine Unterkunft finden Besucher u. a. in den drei Hauptcamps **Mata Mata**, **Twee Rivieren** und **Nossob** mit Zeltplätzen sowie Chalets verschiedener Kategorien. Jedes Camp verfügt über Tankstelle, Laden und Pool. Mehrere Wildniscamps stehen an landschaftlich besonders reizvollen Stellen. Ebenfalls im Park befindet sich die von einer San-Gemeinschaft gemanagte **!Xaus Lodge** (s. DuMont Thema S. 48).

INFORMATION
Park Office, Twee Rivieren, Tel. 054 5 61 20 00, www.peaceparks.org, www.sanparks.org/kgalagadi

8 Upington

Als Ausgangspunkt für Touren in den Kgalagadi National Park aber auch für den Besuch des nördlichsten Weinanbaugebietes Südafrikas lohnt Upington (70 000 Ew.) am Oranje einen Besuch. In der kargen Kalaharilandschaft wirkt die von Wein-, Obst- und Palmengärten umgebene Stadt wie eine Oase. Mittels geschickter Bewässerungssysteme schufen bereits die ersten Siedler um die 1871 gegründete Missionsstation blühende Landschaften. Das **Kalahari Oranje Museum** in dem historischen Bau der Mission dokumentiert die Geschichte des Ortes (4, Schroder Street, Mo.–Fr. 9.00 bis 12.30, 14.00–17.00 Uhr). Eine Weinprobe in den **Orange River Wine Cellars** ist ganzj. möglich (Tel. 054 3 37 88 00, http://orangeriverwines.com).

WONDERWERK CAVE
Die rund 300 km lange Strecke von Upington zu der bedeutenden archäologischen Stätte auf der Farm Wonderwerk führen die majestätische Schönheit, aber auch die Einsamkeit der Region eindrücklich vor Augen. In der Höhle führen Spuren menschlichen Lebens 1 Mio. Jahre zurück. Die Felsbilder der San sind Zeugnisse der jüngsten Generation, die vor etwa 1000 Jahren die Höhle bewohnte (**Wonderwerk Cave and Site Museum**, R 31 zwischen Kuruman und Daniëlskuil, Tel. 082 2 22 47 77, Mo.–Fr. 8.00–17.00 Uhr).

UNTERKUNFT
Stilvoll übernachtet man in der idyllisch am Fluss gelegenen € € € **Le Must River Residence** (14 Budler Street, Tel. 054 4 32 39 71, www.lemustupington.com).

INFORMATION
Tourist Office im Kalahari Oranje Museum, Schröder Street, Tel. 054 3 32 60 64 www.upington.co.za

---

WESTKÜSTE & KALAHARI
52 – 53

Genießen   Erleben   Erfahren

Am Ort des tosenden Lärms

DuMont Aktiv

Für die 5 km lange Wanderung auf dem Dassie Interpretive Trail durch den Augrabies Falls Nationalpark sind stabiles Schuhwerk, Sonnenschutz und Trittsicherheit erforderlich – Ausblicke über fantastische Felslandschaften und Begegnungen mit den putzigen Klippschliefern winken als Lohn.

Vom Rest Camp führt der Trail zunächst nach Westen und an den Oranje, wo sich vom Arrow Point ein imposanter Blick in die Schlucht des Flusses und auf die Twin Falls eröffnet. Den früheren Verlauf des Oranje markieren ein Stück weiter gen Süden die Potholes. Die nun trocken liegenden Strudellöcher im Fels wirken wie Fußspuren von Riesendinosauriern. Wie ein Walbuckel erhebt sich der Moon Rock über die Felsenlandschaft. Die Granitkuppe ist ein typisches Beispiel für die Verwitterungsform der Exfoliation, bei der die äußeren Gesteinsschichten wie eine Schale abgesprengt werden. In den dadurch entstehenden Klüften verstecken sich häufig *rock dassies*, Klippschliefer. Vom Moon Rock strebt der Wanderweg wieder nach Osten auf das Camp zu. Shepherd's Trees, Namaqua-Feigen und Köcherbäume bilden vielerorts die einzige Vegetation. Mit Glück begegnet man Oryx-Antilopen oder sogar den seltenen Hartmann-Bergzebras.

Weitere Informationen

Je nach Tempo und Pausen ist der Weg in 1,5–3 Std. zu bewältigen. Eine Broschüre mit Wegbeschreibung ist beim Infozentrum im Camp erhältlich (www.sanparks.org/parks/augrabies). Wegen der großen Hitze möglichst früh aufbrechen und Trinkwasser nicht vergessen! Ein PDF mit Informationen zum Trail gibt es hier: www.sanparks.org/docs/parks_augrabies/tourism/dassie_trail_brochure_sandy.pdf

Die Nama und San nannten die Wasserfälle „Aukoerebis" – Ort des tosenden Lärms.

GARDEN ROUTE
54 – 55

Elefanten, Wale und eine große Liebe

Die Garden Route gehört zu den berühmtesten und schönsten Autostrecken der Welt. Zwischen Port Elizabeth und Mossel Bay folgen tief eingeschnittene Buchten und hübsche Ferienstädtchen aufeinander, während im Hinterland Elefanten durch dichte Wälder streifen. Von der üppigen Küstenvegetation bis zur ariden Kleinen Karoo erlebt der Besucher entlang dieser Route Südafrikas ganze Landschaftsvielfalt auf dem kleinsten Raum.

Wanderwege vorbei an dichter Urwaldvegetation und über tosende Flüsse wie den Storms River erschließen den faszinierenden Garden Route National Park am Indischen Ozean.

Straußenwettrennen auf einer Farm in Oudtshoorn

Die hier warten noch auf ihr Rennen.

Auch zum Staubwedeln gut: (eingefärbte) Straußenfedern, die in Oudtshoorn feilgeboten werden.

Durch die Blume gesehen: das ehemalige Herrenhaus im 1624 gegründeten Weingut Zorgvliet. Auf 30 Hektar wird hier Wein angebaut.

> Ich glaube fest daran, dass Südafrika der schönste Ort auf Erden ist.
>
> Nelson Mandela

Generalleutnant Rufane Donkin galt in Indien als zupackender Kolonialoffizier. Als seine Frau früh verstarb, ließ er sich 1820 in die Kapkolonie versetzen und wurde amtierender Gouverneur. Den aufstrebenden Hafen Algoa Bay benannte er in Erinnerung an seine Ehefrau in Port Elizabeth um. Im Ortszentrum legte er einen Park an und errichtete der Geliebten darin ein Denkmal in Form einer Pyramide. Käme er heute zurück, Donkin würde Port Elizabeth nicht wiedererkennen: In der Millionenmetropole erdrücken die in den 1970er-Jahren errichteten Hochhäuser die wenigen verbliebenen Zeugnisse kolonialer Architektur, Autofabriken prägen die Peripherie. Doch am Market Square mit seinem schmucken Rathaus und rund um den kleinen Stadtpark Donkin Reserve ist die viktorianische Welt noch in Ordnung. Port Elizabeths eigentliche Attraktion sind die fantastischen Strände und der nahe Addo Elephant Park.

Unter Elefanten

Eine Zitrusfrucht nach Addo mitzunehmen, wäre jedoch ein unverzeihlicher Fehler. Die Elefanten sind nämlich geradezu verrückt danach. Schuld an dieser eigenwilligen Konditionierung ist eine beispiellose Vernichtungsjagd in den 1920er-Jahren: Im Auftrag des Staates hatte ein gewisser Major Pretorius innerhalb nur eines Jahres 114 Elefanten abgeschossen. Als man die Tiere im Jahr 1931 unter Schutz stellte und das Kerngebiet von Addo einzäunte, waren nur noch elf Dickhäuter übrig, und die waren maßlos aggressiv. Den Rangern gelang es, die Elefanten mit Lkw-Ladungen von Zitrusfrüchten friedlich zu stimmen. Heute ist der Bestand auf über 600 Tiere angewachsen – alle tragen sie angeblich die Leidenschaft für Orangen & Co. in ihren Genen.

Der drittgrößte Nationalpark Südafrikas setzt sich aus sechs Schutzgebieten zusammen, von Inseln und Stranddünen am Pazifik über den bis zu knapp 1000 Meter hohen Zuurberg-Gebirgszug bis zu den Ausläufern der Karoo im Norden. Er ist Heimat der verschiedensten Pflanzen- und Tiergesellschaften: Bergzebras, Erdwölfe und Bergriedböckchen streifen durch den Zuurberg, während im Sunday River Hippos beheimatet sind und an der Küste Kaptölpel, Pinguine und Robben Felsinseln und Gewässer bevölkern. Die Elefanten im Kerngebiet haben Gesellschaft von Büffeln, Spitzmaulnashörnern, Löwen und vielen anderen Wildtieren. Und im Norden, wo die semiaride Karoo in den Nationalpark übergreift, beginnt der Lebensraum von Erdmännchen und Straußen.

Kormorane bevölkern die Küstenabschnitte der Garden Route.

Abenddämmerung in der Nähe des Storm's River Mouth in der Tsitsikamma Section des Garden Route National Park

Beinahe wären die Elefanten im Gebiet des heutigen Addo Elephant Park ausgerottet worden – heute umfasst die hiesige Dickhäuter-Population wieder mehr als 600 Tiere.

Hat gut lächeln: Fisherman's Friend im Fisherman's Cottage in Hermanus

In der Bucht vor Knysna: Auch hier verspricht das Meer einen frischen Fang.

Whale Watching

Meeresriesen unterwegs

Hermanus an der Walker Bay nennt sich gänzlich unbescheiden Walhauptstadt der Welt.
Jeden Winter zwischen Juni und November kommen Wale in die Bucht, um ihre Jungen zu gebären – damit beginnt auch die Saison für den „Whale Crier": Einen solchen Walrufer hat das hübsche Städtchen seit 1992. Die Hafenverwaltung setzte Pieter Claasen einen lustigen Hut auf und drückte ihm ein aus Kelp und Seetang gearbeitetes Horn in die Hand. So zog der Mann viele Jahre durch Hermanus und blies auf seinem Horn einen Code, der den jeweiligen Ort der Sichtung angab. Den südafrikanischen Schriftsteller Zakes Mda inspirierte er zu seinem bewegenden Roman *Der Walrufer*.

Claasens literarisches Alter Ego unterhält eine intensive Beziehung zu den Walen. Er behauptet, dass sie auf ihn hören, sogar nach seinen Tönen tanzen. Bei Hermanus' aktuellem

Special

Intensives Erlebnis: Whale Watching

Walrufer ist von einem solch innigen Verständnis nichts zu spüren, doch schmälert das die Intensität keineswegs, mit der Besucher die Begegnung mit Walen erleben. Von vielen Stellen an der zerklüfteten Küste sind die Riesen der Meere zu beobachten: Südliche Glattwale, Buckelwale oder Bartenwale schwimmen vorbei oder peitschen mit ihren Schwanzflossen das Meer. Nachts sind ihre Gesänge zu hören, unwirklich fast und betörend.

Braune Flüsse
Zwischen George und Knysna an der Garden Route sind die Flüsse von rostig-brauner Farbe, als bestünden sie aus Öl. Doch keine Katastrophe, sondern Tamine und Eisenoxid im Quellgebiet sorgen für den dunklen Ton des Wassers. Die Farbstoffe gibt die Fynbos-Pflanzengesellschaft ab, die im Oberlauf der Flüsse mit kunterbunten Nadelkissen-Proteen und Erika die Hänge bedeckt. In wenigen Kilometern Abstand streben Kaaimans-, Douw- oder Goukamma River durch tief eingeschnittene Täler aus den Outeniqua-Bergen der Küste entgegen. Sieben Schluchten und Lagunen kreuzen auf den 68 Kilometern zwischen den beiden Städten die Straße. Noch vor 100 Jahren mussten die Menschen Tage und Wochen warten, bis der Wasserstand die Passage mit Ochsenwagen zuließ. Erst 1928 war mit Fertigstellung der Bahnstrecke das Hindernis behoben.
Ab dem Jahr 1992 verkehrte die berühmte Outeniqua-Linie nur noch als Museumszug – wegen seiner schnaufenden Dampflokomotive mit dem niedlichen Spitznamen „Choo-Tjoe" bedacht. 2006 unterbrach ein Erdrutsch die Strecke – erst 2016 fanden sich Investoren, die die Gleise wieder befahrbar machen wollten (zunächst mit einem dieselbetriebenen „Dinnerzug").

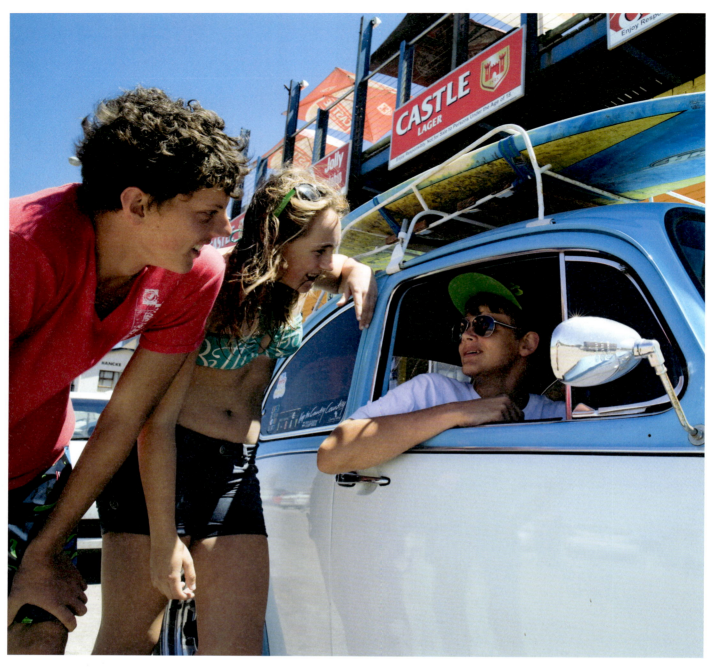

Wohin des Wegs? – Zur Jeffrey's Bay, einem der besten Surfspots des Landes.

Kapholländische Architektur und ...

... Café mit prachtvollem kolonialzeitlichen Ambiente in Graaff-Reinet

Valley of Desolation bei Graaff-Reinet im Westen des im Jahr 1979 gegründeten Karoo Nature Reserve, das im Jahr 2005 als Nationalpark ausgewiesen und in Camdeboo National Park umbenannt wurde.

Keine Gärten an der Route?

Die Bezeichnung „Garden Route" leitet sich von dem milden mediterranen Klima mit reichlichem Winterregen ab, das zwischen Port Elizabeth am Ostkap und Knysna im Westen für üppige Vegetation sorgt – etwa in der Tsitsikamma Section, deren bis zu 45 Meter hohe Gelbholz- und Fieberbäume von Lianen und Moosen umschlungen sind. In den Kronen nisten bunte Federhelmturakos und Prachtkuckucke, während Klippschliefer über Felsbrocken huschen und an der Küste Kormorane und Schwarze Austernfischer auf Jagd gehen. Doch es gibt auch ganz andere Abschnitte an der Garden Route: Endlos erscheinende monotone Baumpflanzungen links und rechts der Straße, Eukalyptus und Kiefern in Reih und Glied, aufgereiht wie eine braun-grüne Armee. Das günstige Klima hilft auch der Land- und Forstwirtschaft: Bereits die Holländisch-Ostindische Kompanie holzte Ende des 18. Jahrhunderts die Wälder im Tsitsikamma-Gebiet großflächig ab. Um Transportkosten zu sparen, wurde 1809 Knysna als Ausfuhrhafen gegründet.

Lagunen, Surf und Adrenalin

Heute ist das reizende, aufgeräumte Städtchen an einer tief ins Land greifenden Lagune einer der beliebtesten Ferienorte an der Garden Route. Hotels, Ferienhäuser und Campingplätze, Shopping Malls und Restaurants säumen den türkisblauen Meeresarm, über den die Felsen der beiden Knysna Heads wachen. Während Knysna entspannt und gemütlich wirkt, präsentiert sich Plettenberg Bay, eine Bucht weiter ostwärts, mit weiten weißen Stränden, Boutiquehotels und schickem Zentrum als mondäner Badeort und Urlaubsziel für Betuchte. In Jeffrey's Bay weht der Spirit von Lässigkeit, zählt doch die Bucht zu den besten Surfspots des Landes. Mossel Bay am westlichen Ende der Garden Route profitiert ebenfalls eher von Individu-

In Jeffrey's Bay weht der Spirit von Lässigkeit.

alisten und Adrenalinjunkies als vom Massentourismus. Hier werden Ausflüge zur Bloukrans Bridge organisiert, wo sich Wagemutige 200 Meter tief in den höchsten Bungee-Sprung von einer Brücke stürzen können. Wem dies nicht Thrill genug ist, der taucht im Käfig ab, um Weißen Haien ganz nahe zu kommen. Abends gibt man seine Erlebnisse dann im „De Dekke" zum Besten.

Straußenland

Nördlich der Garden Route beginnt die Karoo, eine ebene Halbwüste, deren einzige Landmarken aus Zäunen bestehen. Links und rechts begleiten sie die Straßen, die scheinbar ins Nirgendwo führen, um schließlich doch an einem einsamen Farmtor oder einer Kleinstadt, anzukommen. Die hiesigen Cowboys hüten allerdings Strauße. Etwa eine 250 000 Exemplare der Laufvögel werden in Südafrika gehalten. Galten lange die Federn als Geldbringer, ist es heute die Haut – Straußenleder zählt zu den teuersten und feinsten Sorten. Die Erträge sind allerdings nicht mit jenen zu vergleichen, die um die Wende vom 19. zum 20. Jahrhundert in und um Oudtshoorn, der Straußenhauptstadt der Karoo, verdient wurden. Die „Straußenbarone" exportierten jährlich 450 000 Tonnen Federn, bis der Markt mit dem Ersten Weltkrieg zusammenbrach. Ein stolzes Zeugnis dieser Ära sind die Ostrich Palaces – in Oudtshoorn können Besucher in den alten Palästen sogar übernachten.

DUMONT THEMA

WEINLAND SÜDAFRIKA

Die besten Tropfen vom Kap

Südafrikas Winzer sind im Aufbruch. Immer mehr Individualisten machen sich neben den Großkellereien einen Namen. Und immer mehr Farbige und Schwarze nehmen sich das Recht, ihr Know-how, das viele als unterbezahlte Farmarbeiter erworben haben, nun als verantwortliche Winemaker und Manager umzusetzen.

Auf dem heute staatlichen Weingut Groot Constantia werden Weine aus den Rebsorten Chardonnay, Riesling, Pinotage und Cabernet Sauvignon produziert.

Sobald die junge Winzerin anfängt, von ihrem Beruf zu erzählen, wird klar, warum Ntsiki Biyela schon zur Winzerin des Jahres gekürt wurde. Bei so viel Leidenschaft, Begeisterung und Wissen möchte man ihr die Frage, ob sie sich als Quoten-Schwarze in der von Weißen und Männern dominierten Weinbranche Südafrikas fühle, gar nicht stellen. Ihre Position ist das Ergebnis harter Arbeit: Die Schule finanzierte sie mit Putzarbeiten, beim Studium in Stellenbosch half ein Stipendium der South African Airways; 2004 kam sie zum (weißen) Weingut „Stellekaya", wo sie bereits ein Jahr später zum Winemaker aufstieg. 2006 gewann ihr Cape Cross 2004 bei den renommierten „Michelangelo Awards" eine Goldmedaille.

Über die Weine spricht sie in der bilderreichen Sprache ihrer Heimat: Den Pinotage, Südafrikas autochthone Rebe, vergleicht sie mit einem schlecht erzogenen Kind, das sich in den Vordergrund spielt. „Aber man darf ihn nicht lassen", fügt sie lachend hinzu. Nur dann wird der „Cape Cross", ein Cuvée aus Cabernet Sauvignon, Merlot und dem aufmüpfigen Pinotage, zu einem harmonischen Tropfen.

Wein und Apartheid

Bis zum Ende der Apartheid waren die Rollen in Südafrikas Weinindustrie fest verteilt: Hier die weißen Gutsbesitzer, dort die schwarzen Arbeiter. Dass sich auch Schwarze im Weinbau engagieren konnten, verhinderte die Landfrage: Das bedeutendste Weinbaugebiet, die Region um Stellenbosch, Paarl und Franshoek, war seit Jahrhunderten im Besitz weißer Winzer. 1659 erntete Jan van Riebeeck hier die ersten Trauben und presste sie zu Wein. Eine steile Karriere war den Tropfen vom Kap dennoch nicht vorherbestimmt. Der Boom begann mit dem Ende der Apartheid 1994 und dem damit verbundenen Wegfall der Handelssanktionen. Wie viele Nicht-Weiße heute Wein keltern, weiß keine Statistik, an der Universität von Stellenbosch steigt ihr Anteil jedoch stetig.

GARDEN ROUTE
62 – 63

Die Winzerin Ntsiki Biyela: Ursprünglich wollte die in KwaZulu Natal aufgewachsene Önologin Bauingenieurwesen studieren, doch dann bot man ihr ein Stipendium für Weinbau an der Universität Stellenbosch an. „Ich habe nicht gezögert und sofort zugesagt", erzählt die leidenschaftliche Weinmacherin, die bereits als Winzerin des Jahres ausgezeichnet wurde. Seit 2016 produziert sie in der eigenen Kellerei die Weine der Marke „Aslina".

DUMONT THEMA

Weinverkostung auf dem Weingut Thandi bei Paarl: Nehmen Sie doch einfach mal 'ne Nase voll!

Die Kleinen auf dem Vormarsch

Südafrika produziert etwa 10 Millionen Hektoliter Wein im Jahr, 40 Prozent davon gehen in den Export. Traditionell keltern die Güter im Kerngebiet am Kap Rotweine aus den Rebsorten Cabernet Sauvignon, Shiraz, Merlot und Pinotage. Weiter nach Norden in den ariden Regionen von Westkap und Kleiner Karoo herrscht der Anbau von Weißweinreben wie Chenin Blanc, Sauvignon Blanc und Chardonnay vor. Neben den Großkellereien wie KWV (Paarl) oder Orange River Wine Cellars sind zahllose kleine Winzer auf dem Vormarsch. Einer dieser inzwischen gar nicht mehr so jungen Wilden ist Neil Moorhouse, der auf dem Zorgvliet Estate bei Stellenbosch begann. Eine seiner ersten Aktionen bestand darin, den Weinkeller seiner Arbeitgeber mit modernster Technik aufzurüsten. Ein bisschen sah es aus wie im Flugzeugcockpit, wenn Moorhouse per Webcam und Internet seine Weine überwachte. Das Ergebnis prämierte Südafrikas Weinbibel „John Platter" regelmäßig mit mindestens vier Sternen.

Black Economic Empowerment

Thandi Wines hat sich 2009 als erstes Agrarunternehmen im Rahmen des Black Economic Empowerment (BEE) etabliert. Das sechs Jahre zuvor verabschiedete Programm zur Gleichstellung aller ethnischen Gruppen des Landes unterstützt und kontrolliert die Beteiligung bislang Unterprivilegierter in den Unternehmen.

Thandi gehört 250 Familien ehemaliger Farmarbeiter, die gemeinsam 55 Prozent der Anteile halten. 2003 wurde es als erste Weinkellerei der Welt mit dem Fairtrade-Siegel ausgezeichnet. Dass die Qualität des Weines dabei nicht auf der Strecke bleibt, kann Geschäftsführer Vernon Henn gar nicht oft genug betonen. Thandi-Weine sind gute, solide Tropfen, die zu 95 Prozent exportiert werden. Vernon Henn hat es mit harter Arbeit aus einer Township in seine heutige Position geschafft – die gleiche Leistung erwartet er von seinen Mitarbeitern. Allerdings nicht ohne eine gewisse patriarchale Fürsorge: Schließlich ist *thandi* das Xhosa-Wort für Liebe.

Weingüter

Stellekaya, Bosmans Crossing, Stellenbosch,
Tel. 021 883 3873, www.stellekaya.com,
Verkostung nach telefonischer Anmeldung
Zorgvliet, Helshoogte Pass, Stellenbosch,
Tel. 021 885 1399, www.zorgvlietwines.com, auch Unterkunft,
Verkostung nach telefonischer Anmeldung
Thandi Wines, Elgin Valley,
Tel. 021 881 3290, http://thandiwines.com, Verkostung Mo.–Do.
9.00–17.00, Fr.–So. 9.00–16.00 Uhr
Aslina Wines, Somerset West, Tel. 083 4963575, www.aslina
wines.co.za. Derzeit keine Weinproben.

TARUK
GROSSE REISE. KLEINE GRUPPE.

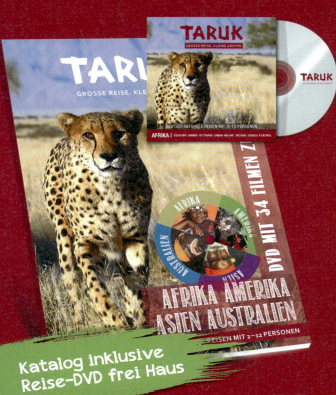

Katalog inklusive Reise-DVD frei Haus

Erleben Sie außergewöhnliche Südafrika-Reisen mit dem Kleingruppen-Spezialisten TARUK: Reisen Sie dorthin, wo wir zuhause sind.

› Persönlich konzipierte und getestete Reiserouten
› Deutschsprachige, engagierte Reiseleiter
› Handverlesene Unterkünfte
› Begegnungen mit Menschen und Natur
› Ausflüge und Eintritte inklusive

Eine Auswahl:

Big Five (14 Tage, max. 8 Teilnehmer) –
Safari intensiv in extra kleiner Gruppe

Garten Eden (14 Tage, max. 8 Teilnehmer) –
Traumhafte Aussichten entlang der Gartenroute

Königsprotee (21 Tage, max. 12 Teilnehmer) –
Südafrika ausführlich und authentisch

Informationen unter 033209-21740
info@taruk.com www.taruk.com/afrika

DEUTSCH GEFÜHRTE REISEN MIT 2–12 PERSONEN

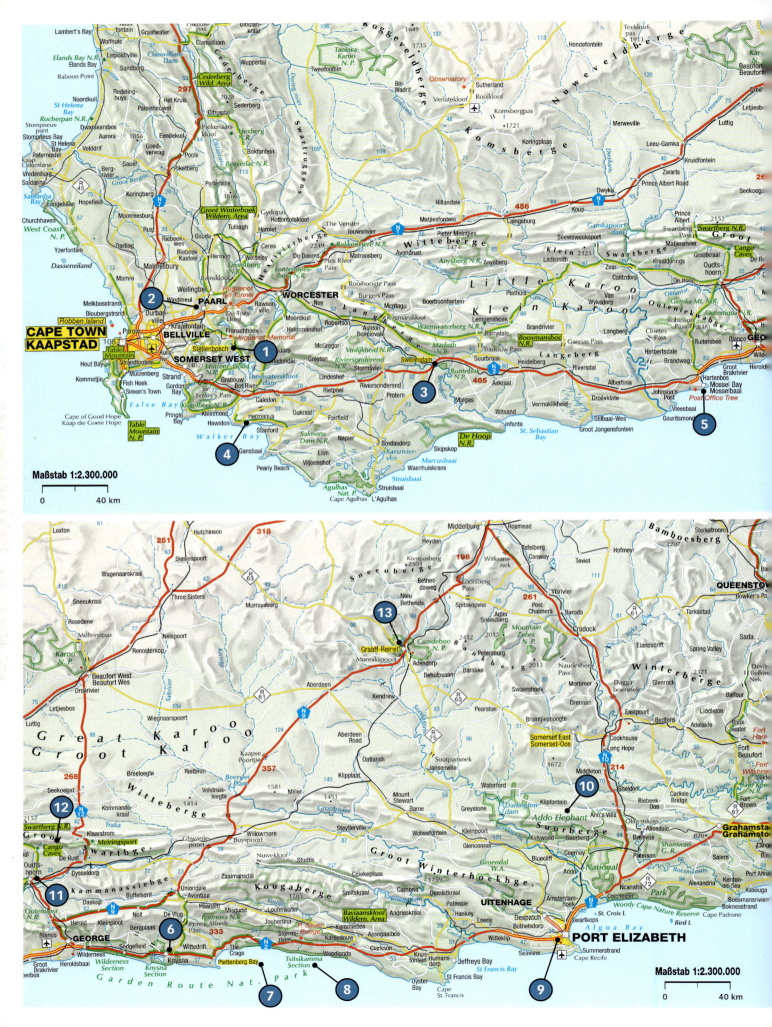

INFOS & EMPFEHLUNGEN

GARDEN ROUTE
66 – 67

Weingüter, Nationalparks, Traumstrände

Für Weinliebhaber sind die Cape Winelands im Hinterland von Kapstadt ein Eldorado, historische Städtchen und Weingüter garantieren Genuss. Weiter gen Osten verbindet die Garden Route Hafenstädtchen mit tropisch-üppigen Nationalparks und Buchten, in die jeden Winter Wale zum Kalben kommen.

❶ – ❷ Cape Winelands

Wenige Orte in den **Cape Winelands TOPZIEL** bezaubern so sehr mit kapholländischem Charme und jugendlich-lebhafter Atmosphäre wie das 1679 gegründete ❶ **Stellenbosch** (100 000 Einw.). Bauten aus dem 18. und 19 Jh. säumen den zentralen Platz Die Braak. Entlang der Dorp Street gibt es viele hübsche Häuser mit geschwungenen Giebeln, schmiedeeisernen Gittern und Blumenpracht. Eine Vorstellung vom einstigen Alltag vermittelt das Dorp Museum. Die vier historisch eingerichteten Häuser wurden restauriert, selbst Sklavenunterkünfte und Gärten entsprechen dem Original (Ryneveld Street, Mo.–Sa. 9.00–17.00, So. 10.00–13.00, Sept.–März tgl. 10.00–16.00 Uhr). Urig geht es in Oom Samie se Winkel zu: Seit 1791 wird hier alles nur Erdenkliche verkauft. Und nicht zuletzt gehört der Besuch eines der vielen Weingüter in der Umgebung zum Pflichtprogramm (www.wineroute.co.za).

Auch ❷ **Paarl**, 30 km nördlich, ist ein Zentrum des Weinanbaus. Entlang der baumbestandenen Main Street mischen sich kapholländische Häuschen wie das Pfarrhaus Oude Pastorie mit moderner Bebauung. Bei KWV, der größten Winzergenossenschaft der Welt, können Besucher Weine verkosten (Kohler Street, Mo.–Sa.

Tipp
Ein gutes, altes Ziel

Historischen Bauten im viktorianischen und kapholländischen Stil prägen das hübsche Farmerstädtchen ❸ **Swellendam**, ca. 160 km nordwestlich von Mossel Bay. Highlight ist das Restaurant € € **Old Gaol**, in dessen schattigem Garten traditionelle *roosterkoeks* (über Glut gegrilltes Brot) mit Füllungen wie Springbok-Carpaccio verspeist werden.

8 Voortrek Street, Tel. 028 5143847

Willkommen in den Cape Winelands, in denen Sie unbedingt eines oder mehrere Weingüter bei Stellenbosch und Paarl besuchen sollten.

9.00–16.30, So. 11.00–16.00, So 11.00–16.00 Uhr, www.kwv.wineemporium.co.za). Auf Paarls Wine Route passiert man berühmte Namen wie Nederburg oder Landskroon (www.paarlonline.com).

RESTAURANT & UNTERKÜNFTE
In Stellenbosch wartet das romantische € € € **River Manor Boutique Hotel & Spa** (6–8 The Avenue, Tel. 021 8 87 99 44, www.rivermanor.co.za) mit Pool und üppigem Garten auf Gäste.
Das Abendessen im € € € **Overture** (Hidden Valley Wines, Stellenbosch, Tel. 021 8802721, www.bertusbasson.com) verwandeln die mit Preisen überhäuften Bertus Basson und Craig Cormack in eine kulinarische Weltreise mit afrikanischen Wurzeln.

INFORMATION
Stellenbosch Tourist Information Office
36 Market Street, Tel. 021 8 83 35 84
www.stellenbosch.travel
Paarl Tourist Office, 216 Main Street
Tel. 021 8 72 48 42, www.paarlonline.com

❹ Hermanus

Das 1830 gegründete Städtchen (50 000 Einw.) **Hermanus TOPZIEL** avancierte Ende des 19. Jhs. dank einer Süßwasserquelle und des milden Klimas zu einem Kurort mit Sanatorien. Heute bieten Ferienhäuser und Pensionen Unterkunft an der weiten Bucht. Am Alten Hafen im Zentrum von Hermanus liegen einige restaurierte Fischerboote vor dem Old Harbour Museum (Marine Drive, Mo.–Sa. 9.00–13.00, 14.00–17.00, So. 12.00–16.00 Uhr, www.old-harbour-museum.co.za).

AKTIVITÄTEN
Die besten Ausblicke auf Bucht und Wale eröffnen sich auf dem gut 15 km langen **Cliff Path** vom Hafen zum Grotto Beach. Unter den vielen Whale-Watching-Veranstaltern hat sich Southern Right Charters durch nachhaltige Touren einen Namen gemacht (Westcliff/Stil

INFOS & EMPFEHLUNGEN

Road, The Whale Shack, New Harbour, Tel. 082 3 53 05 50, www.southernrightcharters.co.za).

RESTAURANTS & UNTERKÜNFTE
€ € **Fisherman's Cottage** (Main/Harbour Road, Tel. 028 3123642), rustikales Fischlokal mit besonderem Charme.
€ € **Abalone Guest Lodge** (306 Main Road, Tel. 044 5 33 13 45, www.abalonelodge.co.za). Elegant in Weiß, mit viel Glas eingerichtete Lodge in erster Reihe am Cliff Path.

UMGEBUNG
Am 120 km entfernten **Cape Agulhas** markiert ein Leuchtturm den südlichsten Punkt Afrikas und die Stelle, an der Atlantik und Indischer Ozean aufeinandertreffen.

INFORMATION
Hermanus Tourism, Mitchell Street
Tel. 028 3 12 26 29, www.hermanustourism.info

⑤ – ⑧ Garden Route

Als Garden Route wird ein 220 km langes Teilstück der N 2 zwischen Mossel Bay im Westen und der Mündung des Storms River im Osten bezeichnet. Die meisten Seefahrer, die das Kap der Guten Hoffnung umsegelt hatten, ankerten zur Aufnahme von Frischwasser in der
⑤ **Mossel Bay**, der Muschelbucht. Heute ist der Ort (100 000 Einw.) mit seinen attraktiven Stränden ein beliebter Ferienort. Hauptattraktion ist das Bartolomeu Diaz Museum mit einem originalgetreuen Nachbau der Caravelle von Diaz (1 Market Street, Mo.–Fr. 9.00–16.45, Sa./So. bis 15.45 Uhr, www.diasmuseum.co.za). Der Eisenbaum in der Mitte der Anlage diente den Seemännern als Postamt: Wenn sie Mossel Bay passierten, deponierten sie am Baum ihre

> **Tipp**
>
> ### Elefantensafari
>
> Safaris auf Elefantenrücken sind etwas ganz Besonderes. Im **Addo Elephant Park** dürfen Besucher bei einer dreistündigen Tour auf den grauen Riesen reiten und sie sogar füttern.
>
>
>
> Touren um 8.00, 11.00 und 15.00 Uhr
> Tel. 042 2 35 14 00, www.addoelephantbacksafaris.co.za

Von Menschenhand geschaffen (City Hall, Port Elizabeth), von der Natur geformt (Valley of Desolation in der Karoo)

Briefe – Besatzungen, die in Gegenrichtung unterwegs waren, nahmen die Post mit.
⑥ **Knysna** (54 000 Einw.) ist für die Seepferdchen berühmt, die neben vielen anderen Fischen und Meeresgetier in großer Zahl in den ruhigen Gewässern schweben. Zwei Felsen, die „Knysna Heads", flankieren die Laguneneinfahrt und schirmen den Ankerplatz zur offenen See hin ab. Umgeben ist der Ort vom zu weiten Teilen aufgeforsteten Knysna Forest; in den ursprünglich erhaltenen Zonen wachsen uralte, riesige Stink- und Yellowwood-Bäume. Rund 10 000 Menschen leben im Badeort
⑦ **Plettenberg Bay**; in der Saison vervielfacht sich die Zahl der Bewohner, denn „Plett" ist absolut in. Auch hier gibt es keine Sehenswürdigkeiten, die Besucher kommen wegen der wunderschönen Sandstrände, des breiten Freizeitangebots und der Ausflugsziele im Hinterland. Im Monkeyland 16 km östlich leben Affen, die aus Pharmabetrieben oder von Privatpersonen stammen und hier ein Stück Freiheit genießen dürfen. Besucher können das Areal auf eigene Faust erkunden und dabei u.a. eine 120 m lange Hängebrücke überqueren (tgl. 8.30–17.00 Uhr, www.monkeyland.co.za). Die ⑧ **Tsitsikamma Section** ist Teil des **Garden Route National Park**. Mit einer Größe von 3000 km² erstreckt sie sich rund 100 km entlang der Küste der Garden Route. Den Khoikhoi-Namen „Tsitsikamma" („wasserreicher Ort") verdankt es den vielen Flüssen und Bächen, die den gleichnamigen Bergen entspringen und hier ins Meer münden. Tropische Urwaldvegetation und schön angelegte Wanderwege machen das Naturschutzgebiet zu einem beliebten Ziel für Trekkingtouren. Einen ersten Eindruck vermittelt der 1 km lange Mouth Walk, der vom Parkrestaurant durch dichten Wald zur berühmten Hängebrücke über den Storm River und zurück führt. Unterwegs kann man viele Vögel, Klippschliefer und Affen sichten (tgl. 7.00–18.00 Uhr, www.tsitsikamma.info). Spannend ist eine „Canopy Tour" durch die Baumwipfel, bei der die Teilnehmer an Drahtseilen gleitend in 30 m Höhe den Urwald intensiv erleben (ca. 3 Std., Anmeldung Tel. 042 2 81 18 36, www.stormsriver.com).

AKTIVITÄTEN
Sea Kayaking zwischen Delfinen und Walen: Dolphin Adventures, Central Beach, Plettenberg Bay, Tel. 083 5 90 34 05, www.dolphinadventures.co.za. Zahlreiche Wanderwege führen die Küste entlang, so der **Oystercatcher Trail** in drei Tagen von Mossel Bay nach Dana Bay (www.oystercatchertrail.co.za).

RESTAURANTS
€ € € **East Head Café** (25 George Rex Drive, Knysna, Tel. 044 3 84 09 33). Auf der Terrasse mit Blick auf den westlichen „Kopf" und die Lagune muss man einfach Austern essen.
€ € **The Lookout Deck** (Plettenberg Bay, Tel. 044 5331379). Ein Ausguck mit herrlichem Blick, dazu die Spezialität des Hauses: Cape Malay Mutton Curry.

INFORMATION
Mossel Bay Tourism Bureau
Church/Market St., Tel. 044 6 91 22 02
www.visitmosselbay.co.za
Knysna Tourism, 40 Main Road
Tel. 044 3 82 55 10, www.visitknysna.co.za
Plett Tourism, Main Street
Tel. 044 5 33 40 65, www.plett-tourism.co.za

⑨ – ⑩ Port Elizabeth

Die Großstadt ⑨ **Port Elizabeth** (1,3 Mio. Einw.) an der Nelson Mandela Bay ist mit vielen Betrieben der Autoindustrie ein bedeutendes Wirtschaftszentrum; fantastische Strände machen sie auch zu einem beliebten Urlaubsziel der Südafrikaner. Im Stadtzentrum erinnert die imposante City Hall von 1858 an die britische Kolonialzeit; auch die viktorianischen Donkin Street Houses am ebenfalls nach dem britischen Gouverneur Sir Rufane Donkin benannten Stadtpark und einige Bauten entlang der Upper Hill Street stammen aus dem 19. Jh. Die markante Pyramide im Park errichtete Donkin in Gedenken an seine verstorbene Frau Elizabeth und benannte die kleine Siedlung am Hafen der Algoa Bay ihr zu Ehren um.

UMGEBUNG
Mehr als 550 Dickhäuter und viele weitere Wildarten haben im nahen ⑩ **Addo Elephant National Park** ein geschütztes Heim gefunden. Teilgebiete sind mit dem eigenen Fahrzeug zu befahren. Zugänglich ist der Park von Sonnenauf- bis -untergang; Unterkunft bieten Camps, (www.kznwildlife.com oder www.sanparks.org).

INFORMATION
Nelson Mandela Bay Tourism, Donkin Reserve, Belmont Terrace, Tel. 041 5858884, www.nmbt.co.za

⑪ – ⑬ Oudtshoorn

⑪ **Oudtshoorn** (85 000 Einw.) entwickelte sich ab den 1860er-Jahren zur „Welthauptstadt der Straußenzucht". Die Vögel hatten in der ariden, warmen Karoo-Halbwüste ideale Bedingungen; 750 000 Tiere sollen die Farmer zeitweise gehalten haben. Mehr oder weniger über Nacht reich geworden, ließen sie sich in der Stadt palastartige Villen erbauen (Ostrich Palaces). In die Geschichte der Stadt entführt das CP Nel Museum (3 Baron van Rheede Street, Tel. 044 2 72 73 02, Mo.–Fr. 8.00–17.00, Sa. 9.00–13.00 Uhr), zu dem auch das Le Roux Townhouse gehört, außen wie innen ein typisches Beispiel für einen Ostrich Palace (Loop/High Street, Mo.–Fr. 9.00–13.00, 14.00–17.00 Uhr). Straußenfarmen bieten bei Oudtshoorn Besuchsprogramme an, so auch die **Highgate Ostrich Show Farm**. Hier erfahren Besucher alles Wissenswerte über die Zucht und können Straußenprodukte kaufen (Tel. 044 2 72 71 15, http://highgate.co.za). Bei **Meerkat Experience** widmet sich der passionierte Erdmännchenforscher Grant McIlrath seinen putzigen Lieblingstieren und lässt angemeldete Besucher daran teilhaben (Tel. 082 4 13 68 95, www.meerkatmagic.com).

UMGEBUNG

Die imposanten Tropfsteinhöhlen ⑫ **Cango Caves** rund 40 km nordöstlich dienten den San einst als Zuflucht. Heute ist ein etwa 2 km langer Rundgang erschlossen (tgl. 9.00–16.00 Uhr, Führungen stündl., www.cango-caves.co.za).

UNTERKUNFT

€ € € **Adley House** (209 Jan van Riebeck Blvd., Oudtshoorn, Tel. 044 2 72 45 33, www.adleyhouse.co.za). Stilvoll wohnen im Straußenpalast.

INFORMATION

Tourism Bureau, 80 Voortreeker Street Tel. 044 2 79 25 32, www.oudtshoorn.com

Tipp

Abstecher

Ein Hauptort in der sich immer weiter ausbreitenden Halbwüste **Karoo** ist das bezaubernde ⑬ **Graaff-Reinet**, ein wahres Schmuckstück kapholländischer Architektur. Mit über 200 denkmalgeschützten Villen und Häusern und einem regen Kulturleben ist es zugleich ein entspanntes Künstlerstädtchen. Im nahen Camdeboo National Park stehen charakteristische Landschaftsformen sowie Fauna und Flora der Großen Karoo unter Naturschutz; faszinierend sind die zu eigenwilligen Formen erodierten Felsen des Valley of Desolation.

www.graaffreinet.co.za,
www.sanparks.org/parks/camdeboo/

GARDEN ROUTE
68 – 69

Genießen   Erleben   Erfahren

Begegnungen der unheimlichen Art

DuMont Aktiv

Haibeobachtung und Cage Diving – wenige Aktivitäten werden so kontrovers diskutiert. Gegner werfen den Käfigtauchern vor, sie reduzierten die Scheu der Haie vor Booten und Menschen und seien letztendlich für die Zunahme von Hai-Attacken verantwortlich. Befürworter behaupten, die Begegnung helfe, das hässliche Bild vom mörderischen Hai zurechtzurücken, das Steven Spielberg 1975 mit seinem Spielfilm *Der weiße Hai* in die Welt gesetzt hat – ein schwaches Argument angesichts der durchaus ängstigenden Situation, wenn der Hai tatsächlich seine Zähne in die Gitterstäbe schlägt. Doch dazu kommt es selten.

Der Ablauf ist simpel. Von Gansbaai, dem beliebtesten Cage Diving Spot nahe Hermanus, fährt man mit dem Boot zu einer Stelle, wo sich erfahrungsgemäß Haie aufhalten. Die Crew kippt Blut und Fischinnereien ins Wasser, deren Geruch die Räuber anlockt – richtiges Anfüttern ist strengstens verboten! Dann steigt der mit Taucheranzug und -brille ausgerüstete Proband in den Käfig. Nähern sich Haie, wird der Käfig etwas abgesenkt; die Luftzufuhr erfolgt durch einen Sauerstoffschlauch. Wie nahe die Tiere kommen, ob sie stupsen oder gar am Gitter knabbern, bleibt ihrer Stimmung überlassen.

Weitere Informationen

Lizensierte Veranstalter von **Shark Cage Diving-Touren** listet die Website von Gansbaai Tourism auf, www.gansbaaiinfo.com

Fairtrade-zertifiziert ist **African Shark Eco-Charters**, Simonstown Board Walk Centre, Wharf Road, Simons Town, Tel. 082 8 38 23 09, www.ultimate-animals.com

Kontrovers diskutiert: Cage Diver beobachten Haie aus nächster Nähe.

AM INDISCHEN OZEAN
70 – 71

Traumhaft schöne Landschaften

Mit der rauen Wild Coast im Süden, dem von der UNESCO zum Welterbe geadelten iSimangaliso Wetland Park im Norden, den himmelhohen Drakensbergen und dem meditativ wirkenden Hügelland der Transkei ist die östliche Küste Südafrikas stolzer Nutznießer traumhaft schöner Landschaften. Und in der Hafenstadt Durban bündeln sich die vielfältigen ethnischen Einflüsse zu einem quirligen Melting Pot.

In Durban: Vom Dach des zur Weltmeisterschaft 2010 gebauten Moses-Mabhida-Stadions blickt man auf den Strand und die Hotels.

Unterwegs mit den Xhosa Cultural Tour kommt es zu Begegnungen, die dem Fremden die Fremde näherbringen – sei es beim Fußball in East Londons ehemaliger Township oder auf dem Weg nach Coffee Bay, wo die Xhosa südwestlich von Port St. Johns noch in ihren traditionellen Rundhütten leben. Nach einem Blick auf die schöne Küstenszenerie von Coffee Bay geht's dann zurück an den Strand von East London, um noch ein bisschen Sonne zu tanken (und dem Fotografen schöne Augen zu machen).

AM INDISCHEN OZEAN
72 – 73

Mister Madari Senior steht inmitten der zahllosen bunten duftenden Gewürzkegel an seinem Stand auf dem Victoria Street Market in Durban und redet wie ein Wasserfall. In indisch gefärbtem Singsang preist er auf Deutsch das Curry seines Familienunternehmens an: „Für die tüchtige Hausfrau." Verschwörerisch blinzelnd fügt er hin zu: „in verschiedenen Schärfegraden." Denn die Schärfe tue ja auch im Bett ihre Wirkung. Seine Zuhörer, eine deutsche Reisegruppe, lassen sich davon offenbar gern inspirieren. Wieselflink füllen Madaris Söhne „Delhi Delight" ab, wiegen, kassieren.

Als die Inder kamen

Mister Madari ist ein Mitglied der großen indischen Gemeinde von Durban. Die Geschichte seiner Familie kann er bis in die Mitte des 19. Jahrhunderts zu-

Bis heute künden verspielte Arkadenhäuser und prunkvolle Moscheen vom kulturellen Einfluss Asiens.

rückverfolgen. 1860 begannen südafrikanische Großgrundbesitzer in Indien Arbeiter für die Zuckerrohrplantagen anzuwerben. Ihnen folgten geschäftstüchtige Händler, die sich rund um die Grey Street niederließen, in der bis heute verspielte Arkadenhäuser und prunkvolle Moscheen vom kulturellen Einfluss Asiens künden. Hier entstand „Bunny Chow", für das Mister Madaris Gewürze unabdingbar sind: Die Fast-Food-Version indischer Currys, erfunden im „Kapitans Vegetarian Restaurant" an der Grey Street, besteht aus einem ausgehöhlten Brotlaib, der mit Curry gefüllt wird. Angeblich verkaufte „Kapitans" so seine Currys heimlich durch die Hintertüre an Inder, die wegen der Rassentrennung das

Anglerfreuden bei St. Lucia im iSimangaliso Wetland Park

Im Kozi Bay Nature Reserve: Auch hier wartet man auf frischen Fang im Indischen Ozean.

Bei den Webervögeln kümmern sich vor allem die Männchen um den Nestbau.

Zum Rathaus von Pietermaritzburg, dem größten Backsteinbau südlich des Äquators, gehört ein 47 Meter hoher Glockenturm.

> „Wenn du jemanden in seiner Muttersprache ansprichst, sprichst du direkt zu seinem Herzen."
>
> Nelson Mandela

Restaurant nicht betreten durften. Der junge Anwalt Mahatma Gandhi, der 1893 in Durban ankam, entwickelte angesichts der am eigenen Leib erfahrenen Ungerechtigkeiten hier die Grundlagen seiner Philosophie vom gewaltlosen Widerstand und gründete den Natal Indian Congress, die erste politische Vertretung der Inder.

An der Golden Mile

Durbans Zentrum besteht bis auf die imposante City Hall und die Kolonialbauten um die Grey Street in erster Linie aus von Hochhäusern gesäumten Straßenschluchten. Ein gutes Stück von hier entfernt staffeln sich Hotels entlang der breiten Sandstrände der Golden Mile am Indischen Ozean. Elegant gleiten Surfer durch die heftige Brandung. Durban ist einer der Hotspots für die Wellenreiter, allerdings kein ungefährlicher. Hai-Attacken kommen immer wieder vor, obwohl die Küste am Indischen Ozean auf fast 400 Kilometer Länge durch Hainetze gesichert ist. In sicherem Abstand erleben Besucher des Vergnügungsparks „uShaka Marine World" die Meeresräuber: Durch einen Käfig geschützt, tauchen sie ins Haifischbecken ab. Und im Restaurant „Cargo Hold" dinieren die Gäste vor Glaswänden, hinter denen die Haie hungrig ihre Runden drehen. Davor warten Rikschafahrer in kunterbunten Kostümen auf Passagiere. Fast alle gehören zum Volk der Zulu, aber die Rikschas verkörpern das indische Erbe. Typisch Durban!

Der magische Ring

Die Zulu sind ein traditionsbewusstes Volk, ihre Heimat KwaZulu ist ein friedlich wirkendes Idyll mit kleinen, im Kreis gebauten Siedlungen auf Bergkuppen. Bis heute haben die Zulu einen König, der das vielleicht wichtigste Symbol ihrer Einheit hütet, den *inkatha yezwe yakwaZulu*: Dabei handelt es sich um einen Ring aus Gras und magischen Substanzen, der, in eine Pythonhaut eingenäht, von König zu König weitergegeben wird. Allerdings ist der heutige *inkatha* nicht mehr jener, der Shaka, dem legendären Herrscher, Kriegsführer und Einiger der Zulu, seine fast übermenschlich anmutenden Kräfte verlieh; dieser Ring verbrannte, als die Briten 1879 die Zulu vernichtend schlugen und die Residenz ihres Königs Cetchwayo anzündeten. Heute lebt die Einheit des Volkes in einem neuen Ring weiter – und im Namen der mächtigen Zulu-Partei: Inkatha Freedom Party.

Tierparadiese im Norden

Rund 250 Kilometer nördlich von Durban stehen im iSimangaliso Wetland

Weitblick: Auf einer Länge von über 1000 Kilometern bilden die Drakensberge den Übergang vom südafrikanischen Binnenhochland zur Ostküste.

Rückblick: Archaisch anmutendes dörfliches Leben etwa 40 Kilometer westlich von Winterton in den Drakensbergen

Durchblick: Im Basotho Cultural Village, an der Grenze zu Lesotho

Xhosa

Special

Blick hinter die Kulissen

Im Land der Xhosa kommen Reisende der Kultur und Geschichte ihrer Gastgeber ganz nah.
Velile Ndlumbini, Guide von Imonti Tours, führt seine Gäste etwa in East Londons ehemalige Township, wo er auf Wunsch auch ein Fußballspiel Bewohner gegen Besucher organisiert. Oder er fährt auf dem Nelson Mandela Freedom Trail nach Mthata ins Nelson-Mandela-Museum, zum Geburtshaus Mandelas in Mvezo und nach Qunu, wo er aufgewachsen ist. Natur und Wandern stehen auf dem Programm, wenn Velile auf dem Trevor's Trail ein reizvolles Stück Wild Coast zu Fuß und im Boot erforscht, dabei die vielfältigen medizinischen Anwendungsbereiche der hier wachsenden Pflanzen erläutert und zum Abschluss einen Xhosa-Heiler besucht.

Die bezaubernde Bulungula Lodge im Herzen der Wild Coast trägt das Fairtrade-Siegel. Bulungula ist zu 40 Prozent im Besitz der lokalen Gemeinde Nqileni, deren Mitglieder alle Aktivitäten betreuen und von den Einnahmen profitieren. Die Gäste können hier Fischen lernen, den Geschichten der Ältesten lauschen, einfach durch das Dorf streifen und irgendwo auf ein selbst gebrautes Umqombothi-Bier einkehren.

Imonti Tours, Tel. 083 4 87 89 75, www.imontitours.co.za

Junger Xhosa während des Initiationsrituals

Park weder Gitterstäbe noch Glas zwischen Mensch und Tier. Lagunen umschmeicheln Felsvorsprünge, Flussarme verzweigen sich zu Sümpfen. Am Indischen Ozean bekommen die Big Five Gesellschaft von zwei weiteren „Bigs": Wal und Weißer Hai. Den Namen „iSimangaliso" (Zulu: „Wunder") trägt der Nationalpark zurecht. Die Vielfalt von Flora und Fauna ist atemberaubend: In den Seen teilen sich Hippos und Krokodile den Lebensraum mit zahllosen Süßwasserfischen, in den Sykomorenwäldern erklingt das Gezwitscher der Nektarvögel. Hinzu kommen immense Korallenriffe, an denen Muränen und Mantas entlangschweben, sowie Savannen, in denen Elefanten, Antilopen und Büffel grasen. iSimangaliso ist ein Paradies, ebenso wie der nur wenige Kilometer landeinwärts liegende Hluhluwe-Nationalpark, dessen mit hohem Gras bewachsene Hügel und Berge Heimat von 2000 Nashörnern sind. Friedlich äsend beobachten die Riesen die hindurchfahrenden Besucher und lassen sie ohne Scheu ziemlich nahe an sich heran.

Wilde Küste, sanfte Menschen

Mangrovenbestandene Buchten zwischen schroffen Felsriffen, grünes, sanft gewelltes Hügelland, mit Stroh gedeckte Lehmhäuser, ein Hirte in eine Decke

Vom Royal Natal Yacht-Club hat man einen herrlichen Blick auf die nächtlich illuminierte Silhouette des modernen Großstadt-Dschungels von Durban.

Surfin' South Africa: Am Strand von Durban finden Wellenreiter beste Bedingungen vor.

AM INDISCHEN OZEAN
78 – 79

In der Innenstadt von Durban dominieren moderne Bauten, vereinzelt hat aber auch noch kolonialzeitliche Architektur dem Zahn der Zeit getrotzt.

Auf dem Victoria Street Market in Durban: Was darf's denn sein – ein bisschen Schwiegermutterhöllenfeuer vielleicht?

gehüllt – die Wild Coast und ihr Hinterland, die frühere Transkei, zählen zu den noch weitgehend unberührten Landschaften Südafrikas. Noch, denn in den Küstendünen haben australische Bergbauunternehmen damit begonnen, seltene Metalle wie Titan zu schürfen.

Obwohl die hier lebenden Xhosa als äußerst freundliche und friedliebende Menschen gelten, lassen sie sich diesen Eingriff in ihr Hoheitsgebiet und ihre Natur nicht wehrlos gefallen. Dabei ist ihr Kampf gegen die Vergabe der Abbaurechte nicht nur vom Umweltgedanken geprägt: Natürlich möchten die Xhosa die Wild Coast schützen, ja am

Berühmtester Einwanderer in Durban war Mahatma Gandhi, der Vater der indischen Unabhängigkeit.

liebsten einen Nationalpark einrichten. Aber es geht ihnen auch um die ethnisch begründete Opposition gegen die ANC-Regierung. Obwohl hier in Mvezo unweit der Provinzhauptstadt der wohl berühmteste ANC-Aktivist und Xhosa Südafrikas, Nelson Mandela, geboren wurde, sieht sich sein Volk vom ANC missachtet und bei politischen Entscheidungen übergangen.

Unterstützung im Kampf gegen die Erschließung finden die Xhosa bei „Awesome SA", einer Nichtregierungsorganisation, die sich für die nachhaltige Entwicklung Südafrikas stark macht und durch ihr Engagement dem Anliegen der Xhosa eine große Öffentlichkeit beschert hat. Unterstützung finden sie aber auch bei den vielen Individualreisenden, die an diesem Küstenstrich und in ruhigen Städtchen wie Morgan's Bay oder Port St. John's ganz entspannt Strand- und Surfurlaub genießen. Auch zukünftig noch.

UNSERE FAVORITEN

Die spannendsten Führungen

Offroad durch Südafrika

Man sieht nur, was man weiß. In Südafrika gilt dieser Wahlspruch ganz besonders, denn die vielen Kulturen und Naturräume zu erleben und zu verstehen, erfordert Spezialwissen, das ein Fremder sich kaum erarbeiten kann. Aber dafür gibt es ja die vielen engagierten und an Ungewöhnlichem interessierten Guides, die nichts lieber tun, als ihr Wissen und ihre Begeisterung mit Besuchern zu teilen.

① Trekking zu wilden Tieren

Gut zu Fuß, belastbar und furchtlos – so etwa sollten sich Teilnehmer der Wilderness Trails im Krüger-Nationalpark fühlen, denn der Ranger führt sie aus dem Schutz der umzäunten Camps hinaus in die Wildnis. Drei Tage beispielsweise auf dem Bushman Trail, auf dem nicht nur verschiedene Antilopen und der eine oder andere Elefant die Pfade kreuzen, sondern auch Rhinos oder Büffel. Auch die eine oder andere rätselhafte Buschmannzeichnung wird man zu sehen bekommen. Abends gibt's einfaches Essen in spartanischen Camps, dazu eine sensationellen Sternenhimmel, den Ruf eines Uhus und das Gekichere der Hyänen.

Start jeweils Mittwoch und Sonntag, Buchung über www.sanparks.org.

② Fynbos von oben

Nervenkitzel und Naturerlebnis verbindet die Cape Canopy Tour im Hottentots Holland Nature Reserve unweit der Garden Route. An Drahtseilen gesichert schwingen die Teilnehmer per Seilrutsche über steile Bergflanken und die Riviersonderend-Schlucht, an deren Hängen Tausende von Blüten des Cape Floristic Kingdoms ihre kunterbunte Pracht entfalten.

Hottentots Holland Nature Reserve, R321, Elgin
Tel. 021 3 00 05 01
www.capecanopytour.co.za

③ Graue Riesen und Baum-Methusaleme

Zwei oder drei der ursprünglich 500 Elefanten soll es noch geben im Knysna Forest, und auch nur noch wenige der legendären Outeniqua Yellowwoods haben die Abholzung der Küstenwälder überlebt. Dennoch eröffnet die 8 km lange Wanderung durch den Forst eine Landschaft voller Zauber und Magie, in der unzählige Vögel eine Symphonie zwitschern, Gelbholzbäume an J. R. R. Tolkiens Ents aus *Herr der Ringe* erinnern und wispernde Farnmeere an *Jurassic Park*.

Wanderungen zwischen 7 und 15 km Länge organisiert: Knysna Forest Tours, Tel. 082 7 83 83 92
www.knysnaforesttours.co.za

④ Graffiti-Tour durch Johannesburg

Johannesburgs verlassenes Stadtzentrum entwickelt sich seit Jahren zum Mekka nationaler und internationaler Graffiti-Künstler. Wo früher leere Fensterhöhlen aus bröckelnden Betonmauern starrten, winden sich heute Lianen kunterbunter Blüten über die Fassaden, an düsteren Unterführungswände lauern bizarre Comicgestalten. Jo Buitenbach und ihre Past Experiences Tours führen durch die inzwischen hier entstandene Street Art Gallery.

Paste Experiences
Tel. 011 7 82 52 50
http://pastexperiences.co.za

UNSERE FAVORITEN
80 – 81

5 Kochen wie Mamma in Bo-Kaap

Es duftet nach allen Aromen des südafrikanischen Kochuniversums, nach Ingwer, Koriander, Kardamom, Zimt und Chili – ebenso bunt und anregend wie die in allen Farben des Regenbogens strahlenden Häuschen in Kapstadts Malaienviertel Bo-Kaap. Am Ende der Kultur- und Kochtouren des Veranstalters Andulela, der für seine Nachhaltigkeit mit dem Fair-Trade-Siegel zertifiziert wurde, stranden die Teilnehmer in der Küche eines typischen Bo-Kaap-Hauses und helfen der Hausherrin bei der Zubereitung leckerer Samosas, Curry & Co.

Andulela Experience
Cape Town
Tel. 021 7 90 25 92
www.andulela.com

6 Auf Pferderücken entlang der Drakensberge

Nur erfahrene Reiter sollten die dreitägige Tour von Kaapsehoop, südlich von Nelspruit, durch uralte Wälder und bizarre Gesteinslandschaften am Fuß der Drakensberge unternehmen. Ziel ist ein Wildniscamp, das als Ausgangspunkt für Tagestrekkings fungiert. Reizvoll sind nicht nur das Reiterlebnis und die landschaftliche Schönheit, sondern vor allem die spannenden Begegnungen mit Wildpferden und Antilopen. Abends am Lagerfeuer ist dann das Westernfeeling perfekt.

Kaapsehoop Safaris
Nelspruit
Tel. 076 1 08 00 81
www.horsebacktrails.co.za

7 Gospels in Langa

Township-Touren gibt es mittlerweile viele – diese durch Kapstadts ältestes Township Langa tut sich sonntags durch ein ganz besonderes Erlebnis hervor: die Teilnahme an einem von Gospels begleiteten Gottesdienst. Die meisten Gäste können sich der kraftvollen und überschäumenden Religiosität der Township-Bewohner kaum entziehen. Nach der Feier besuchen sie die Häuser einiger Gemeindemitglieder und lernen den Alltag in Langa kennen.

Camissa Travel
20 Curlew Str., Brooklyn
Cape Town
Tel. 021 5 10 26 46
www.gocamissa.co.za

INFOS & EMPFEHLUNGEN

AM INDISCHEN OZEAN

Die tropische Seite Südafrikas

Eastern Cape und KwaZulu Natal repräsentieren die tropische Seite Südafrikas – endlose Strände, wildreiche Sumpfgebiete und Galeriewälder, Korallenriffe sowie Städte, in denen sich Europa, Afrika und Asien treffen, sind charakteristisch für die Region, während im Hinterland Farmstädtchen und Monumente am Fuß der mächtigen Drakensberge an die burischen Voortrekker erinnern.

❶ iSimangaliso Wetland Park

Zu Recht steht der 3300 km² große **iSimangaliso Wetland Park TOPZIEL** an Südafrikas nordöstlichstem Küstenabschnitt auf der Liste des UNESCO-Weltnaturerbe: Das rund 200 km lange, schmale Schutzgebiet vereint acht verschiedene Ökosysteme, u. a. Korallenbänke, Strände mit charakteristischer Küstenvegetation, Savannen, Sümpfe, Flusssysteme und Seen. Entsprechend vielfältig sind Flora und Fauna, die von der Dornbuschsavanne zum Mangrovensumpf und von der Karettschildkröte bis zum Wal oder Elefanten nahezu alle in Südafrika heimischen Arten umfasst. Besucher können den Nationalpark bei Rundfahrten und Wanderungen auf eigene Faust erkunden oder sich organisierten Touren anschließen.

AKTIVITÄTEN
Der Nationalpark ist ein Paradies für Vogelfreunde. Themba's Birding & Eco Tours (St. Lucia, Tel. 071 4 13 32 43) organisiert kompetent geführte Touren. Tauchtrips zum sogenannten Korallenriff Aquarium vor Sodwana Bay veranstaltet Coral Divers (Tel. 033 3456531, www.coraldivers.co.za), Reitsafaris durchs Hinterland Bhangazi Horse Safaris (Tel. 083 7 92 78 99, https://victo636.wixsite.com/bhangazi).

UNTERKÜNFTE
Im Angebot sind Campingplätze, Hütten für Selbstversorger und Lodges, die auf der Website des Nationalparks gelistet sind und über Ezemvelo KZN Wildlife gebucht werden können (mindestens 48 Std. in Voraus; außerhalb der Ferientermine finden aber meist auch unangemeldete Gäste eine Übernachtungsmöglichkeit). Die Rundhütten-Bungalows von € € **Lodge Afrique** (71 Hornbill Street, St. Lucia Estuary, Tel. 035 5 90 16 96, www.lodgeafrique.com) verteilen sich in einem kleinen Garten.

INFORMATIONEN UND BUCHUNG
Ezemvelo KZN Wildlife, Tel. 035 5 90 10 00
www.kznwildlife.com, http://isimangaliso.com

❷ Hluhluwe-Imfolozi National Park

Das rund 1000 km² große Naturschutzgebiet besteht aus zwei durch einen Korridor miteinander verbundenen Game Reserves und begeistert durch den Wildreichtum und die herrliche Hügel- und Berglandschaft. Berühmt ist der Park für seine Nashörner: Bis heute halten die Ranger die Population von etwa 2000 Spitz- und Breitmaulnashörnern auf einem konstanten Level und fangen überschüssige Tiere ein, um sie an anderen Orten auszuwildern. Hluhluwe gehört zu den ältesten Wildparks Südafrikas; bevor die Briten das Areal 1895 unter Naturschutz stellten, diente es den Zulu-Königen als exklusives Jagdgebiet. Mehrere Routen sind für Selbstfahrer ausgewiesen.

UNTERKÜNFTE
Übernachtet wird in Lodges und Camps, die von KZN gemanagt werden. Das € – € € € **Hilltop** in unvergleichlicher Hügellage mit Chalets, Hütten, Lodge und Pool ist sehr empfehlenswert.

Tierische Begegnungen: Baby-Krokodil im iSimangaliso Wetland Park, Giraffe im Hluhluwe-Imfolozi National Park

UMGEBUNG
Das **Ondini Cultural Museum** in der einstigen Königsresidenz der Zulu, rund 100 km westlich des Nationalparks, schildert anhand archäologischer Funde, Schmuck, Waffen und Alltagsgegenständen die Genese der Zulu, die aus vielen ethnischen Gruppen bestehen und sich erst Anfang des 19. Jhs. als Volk formierten (5 km außerhalb von Ulundi, Tel. 083 6 61 79 42, www.zulu-museum.co.za).

INFORMATIONEN
Ezemvelo KZN Wildlife, Tel. 033 8 45 10 00
Nov.–Feb. 5.00–19.00, März–Okt. 6.00 bis 18.00 Uhr, www.kznwildlife.com
www.hluhluwe.info

❸ Ukhahlamba Drakensberg Park

Etwa 1000 km erstreckt sich der Gebirgszug der Drakensberge von Lesotho im Süden bis zum Krüger-Nationalpark im Norden. Der südliche Teil, die Natal-Drakensberge, ist mit Gipfeln

INFOS & EMPFEHLUNGEN

über 3000 m (Champagne Castle 3377 m) der weitaus höhere und dramatischere. Wanderer finden in den Drakensbergen zahlreiche gut markierte Wege unterschiedlicher Schwierigkeitsgrade; Wanderkarten und -broschüren sind in den Camps an den Zugangstoren erhältlich. Im gesamten Gebiet ist eine Vielzahl von Felsbildern der San erhalten. Die UNESCO hat auch diesen Nationalpark zum Weltnaturerbe erklärt. Zu den eindrucksvollsten Sehenswürdigkeiten zählt das Amphitheater im nördlichen Royal Natal National Park (Zufahrt über das Mont-aux-Sources-Ferienzentrum). Die 5 km lange, 500 m nahezu senkrecht abfallende Felsbarriere schmückt Südafrikas höchster Wasserfall, der Tugela Fall. In den südlichen Drakensbergen lohnt unbedingt ein Aufenthalt im **Giant's Castle Nature Reserve** zu Füßen von Champagne Castle und Giant's Castle (3315 m). In der Main Cave, der am leichtesten zugänglichen Höhle, sind etwa 500 Felsbilder der San erhalten (tgl. 9.00–15.00 Uhr, geführte Touren ab Main Camp zu jeder vollen Stunde).

UNTERKÜNFTE
Einfache bis sehr luxuriöse Übernachtungsmöglichkeiten gibt es in mehreren Camps von KZN Wildlife (www.kznwildlife.com). Empfehlenswert ist auch das entzückende B & B € € **Acorn Cottages** im Champagne Valley (Winterton, Tel. 082 8 05 73 54, www.acorncottages.co.za). Im Norden bei Clarens kommen Gäste komfortabel in der € € **Andes Guest Farm** (Welgelegen Farm, Tel. 058 2 56 10 80, www.andesclarens.co.za) unter.

UMGEBUNG
Zwischen Drakensbergen und Küste fanden im 19. Jh. zahlreiche blutige Schlachten zwischen Voortrekkern und Zulu statt. Eine „Straße der Schlachtfelder" (www.battlefieldsroute.co.za)

> **Tipp**
> ### Perlen und mehr
>
> In King William's Town, 60 km westlich von East London, bringt das Amathole Museum in seiner exzellenten Xhosa-Gallery Besuchern die Vielfalt und Spiritualität der Xhosa-Kultur näher.
>
>
>
> **INFORMATION**
> Albert Rd., Mo.–Do. 8.00–16.30, Fr. bis 16.00 Uhr, www.museum.za.net

verbindet all diese Orte miteinander. Weniger kriegerisch gibt das **Himeville Museum** ausführlich über Alltag und Kultur der Voortrekker und die verschiedenen Volksgruppen Auskunft (Himeville, Arbuckle Street, Tel. 033 7 02 11 84, Di.–Sa. 9.00–15.00, So. 9.00–12.30 Uhr).

④–⑤ Durban

Dicht an dicht ragen die Wolkenkratzer im Zentrum von ④ **Durban** über die wenigen noch erhaltenen Kolonialbauten der Hafen- und Urlaubsmetropole am Indischen Ozean. Kilometerlange weiße Sandstrände säumen die Küste. In der lebhaften Stadt (ca. 1 Mio. Einw.) verbinden sich afrikanische, indische und englische Kultur zu einer dynamischen Mischung.

SEHENSWERT/MUSEUM
Zentrum und Indisches Viertel: Um die Grey Street sind in der prunkvollen, 1904 vollendeten **Juma Mosque**, am lebhaften **Victoria Street Market** (Mo.–Sa. 6.00–17.00, So. 10.00–15.00) und an der **Madressa Arcade** die indisch-orientalischen Einflüsse lebendig. Im Stadtzentrum zieht die Kupferkuppel der 1910 errichteten **City Hall** am Francis Fairwell Square die Aufmerksamkeit auf sich. Das lebhafte Einkaufszentrum **The Workshop** in ehemaligen Eisenbahngebäuden ist ein beliebter Treffpunkt in Durban. Im **Kwa Muhle Museum** unternehmen Besucher einen Zeitsprung in die Ära der Apartheid (130 Bram Fischer Rd, Tel. 031 3 11 22 37, Mo.–Fr. 8.30–16.00, Sa 8.30–12.30 Uhr).
Beach Front: Rund 8 km lang sind die breiten Sandstrände, an denen dank des milden Klimas das ganze Jahr über Saison ist. Hainetze und Bademeister sorgen für die Sicherheit von Badenden und Surfern. Mittelpunkt der Beach Front ist die von Hotels gesäumte **Golden Mile** zwischen Snell und Erskine Parade. An ihrem südlichen Ende lockt die **uShaka Marine World** Besucher in einen eindrucksvollen Vergnügungspark rund ums Thema Wasser. Toll ist das Riesen-Aquarium, in dem Haie ihre Runden drehen (www.ushakamarineworld.co.za, tgl. 9.00–18.00, in der Nebensaison bis 17.00 Uhr).

AKTIVITÄTEN
Durban ist ein Paradies für **Surfer**; Anfänger lernen bei LEARN 2 SURF am Addington Beach die richtige Balance (Mobiltel. 083 4140567, www.learn2surf.co.za).

Endlose Weite an der Hibiscus Coast unweit von East London, majestätische Felslandschaften in den Drakensbergen

RESTAURANTS & UNTERKÜNFTE
Am Strand, aber dennoch ruhig liegt das € € € **Blue Waters** (Snell Parade, Tel. 031 3 27 70 00, www.bluewatershotel.co.za). Wer lieber abseits des Rummels nächtigt, ist im € € **Sylvan Grove Guest House** richtig (49 Sylvan Grove, Tel. 031 5 61 51 37, www.sylvangrove.co.za). Im winzigen, einfach eingerichteten € **House of Curries** (275 Florida Rd., Tel. 031 3 03 60 76, Mo.–Fr. 10.00–20.00, Sa. ab 12.00 Uhr) serviert man Bunny Chows und höllisch gewürzte Currys. Durchaus elegant speist man im Restaurant € € € **Cargo Hold** in der uShaka Marine World.

UMGEBUNG
Auf der Fahrt von Durban ins 75 km westlich gelegene Pietermaritzburg passiert man den Südrand des **Valley of Thousand Hills**, in dem sich Hügelketten zu einem idyllischen Landschaftsbild staffeln. Spaß macht es, das Tal mit der Umgeni-Dampfeisenbahn zu durchqueren (in der Saison an mehreren So. im Monat, www.umgenisteamrailway.co.za). In ⑤ **Pietermaritzburg** hat sich das britische Erbe in den Backsteinbauten von Rathaus, Old Colonial Building, Old Government House und ehemaligem Gerichtsgebäude (Tathan Gallery) erhalten. Parks, Grünanlagen und blühende Jacarandabäume schmücken das historische Zentrum. Fliegende Händler und Marktstände sorgen für Flair.

INFORMATION
Tourist Junction, Old Station, 160 Pine Street, Tel. 031 3 05 96 70, www.zulu.org.za

⑥ Wild Coast

Ihren Namen verdankt die Küste zwischen East London und Port Edward dem Umstand, dass an dem teils sehr felsigen Abschnitt zahlreiche Schiffe untergingen. Geprägt von kleinen Siedlungen, weiten Sandbuchten und zahllosen Flussmündungen ist es eine Region von unspektakulärer, stiller Schönheit. Der früher unter dem Namen Transkei bekannte Landstrich ist Heimat der Xhosa, die traditionell als Ackerbauern und Viehzüchter lebten.

SEHENSWERT
Mittelpunkt der Wild Coast ist das Städtchen **Port St. John's** und seiner mit tropischer

Vegetation umgebenen Lagune. Zahlreiche Backpackerunterkünfte sprechen vor allem Individualreisende an. Im 6 km südlich gelegenen **Silaka Nature Reserve** entfaltet die Flora dieses rauen Küstenabschnitts ihre ganze Pracht; Antilopen und die scheue Kapotter sind an Küste und in den Wäldern beheimatet. Wanderwege durchkreuzen das Naturidyll, zahlreiche Vogelarten machen es zu einem Dorado für Ornithologen. **Mthata** (100 000 Ew.), 100 km landeinwärts, war Hauptort der Transkei, die als Homeland im Apartheidsstaat existierte, ist heute aber wenig einladend. Den Besuch des **Nelson Mandela Museums** sollte man im Rahmen einer organisierten Tour (www.imontitours.co.za) buchen, die auch seinen Geburtsort Mvezo und das Dorf Qumu, wo er seine Kindheit verbrachte, mit einschließt.

❼ East London/ Buffalo City

Deutsche Soldaten gründeten die Stadt an der Mündung des Buffalo River. Nach dem Krim-Krieg hatte man ihnen Land versprochen, das sie dann an der Südostküste Afrikas besiedeln durften. East London (500 000 Einw.) hat ein kleines, übersichtliches Zentrum, in dem der prunkvolle viktorianische Bau der City Hall (Oxford/Argyle Streets) alle anderen kolonialen Relikte wie den Bahnhof von 1877 überstrahlt. Am Strand signalisieren Fahnen am Whale Deck, ob vor der Stadt Wale zu sichten sind.

MUSEUM

Im **East London Museum** ist die Kultur der Xhosa Thema einer sehenswerten Ausstellung. Hauptexponat aber ist ein ausgestopfter Quastenflossler (Coelacanthus), der seit 50 Mio. Jahren ausgestorben sein sollte – bis eine Kuratorin 1938 ein Exemplar als Beifang entdeckte (Dawson Rd., Mo.–Do. 9.30–16.30, Fr. 9.30 bis 16.00 Uhr).

UMGEBUNG

Grahamstown, rund 170 km südwestlich, ist auf dem besten Weg, eine der angesagten Städte zu werden. Das hübsche, von Kolonialarchitektur geprägte Zentrum, die Studenten der Rhodes University und immer mehr Künstler schaffen eine entspannte Stimmung. Mit vier ambitionierten Museen ist Grahamstown auch für Besucher interessant: Observatory Museum (Bathurst Street, astronomische Geräte, viktorianische Einrichtung), History Museum (Sommerset Street), Natural Science (Somerset Street, Frühgeschichte) und National English Literary Museum (Beaufort Street, englischsprachige Literatur aus Südafrika) werden gemeinsam verwaltet (www.am.org.za, Kernzeiten Mo.–Fr. 9.00–13.00, 14.00–17.00 Uhr). Die Szene trifft sich im € € **Haricots** zu moderner mediterraner Küche (32 New Street).

INFORMATION

www.visiteasterncape.co.za
www.eastlondon.org.za

Genießen Erleben Erfahren

Rafting am Fuß der Drakensberge

DuMont Aktiv

Rafting auf dem Ash River verbindet Abenteuer, Spaß und intensives Landschaftserleben, zieht sich doch der Fluss am Fuß der Maluti-Berge, einem Gebirgszug der mächtigen Drakensberge, entlang. Los geht es unweit des Künstlerstädtchens Clarens. Zunächst unterzieht Oliver Esplin, Gründer von „Clarens Xtreme", seine Gäste einem Sicherheitsbriefing: etwa wie man aus dem Schlauchboot fällt und wieder hineinklettert. Der Ash River ist jedoch glasklar und eiskalt – wenn es sich also irgendwie vermeiden lässt, möchte man da nicht unbedingt hineinfallen! Ausgestattet mit Helmen und Schwimmwesten, besteigen sechs Personen das Raft, um nur 100 Meter weiter bereits über die erste, „Breathiliser" genannte Schnelle zu rutschen.

Die Achterbahnfahrt beginnt.

Schon bald weicht die entspannte Stimmung Nervenkitzel – wenn in den nächsten zwei Stunden „Car-wash", „Alles-verloren" und „Alles-gevonden" der Kategorie III Boot und Passagiere durchschütteln, wird auch dem letzten Teilnehmer klar: Das ist wirklich ein Abenteuer, und zwar ein ziemlich nasses. „Fish Pond, grade IV!" – genüsslich kündigt Oliver die letzte und wildeste Stromschnelle an. Der Fluss kocht, jeder klammert sich an das Sicherheitsseil, das Boot bäumt sich auf, bockt und rast über die Schnelle hinweg. Im ruhigen Wasser dahinter steht jetzt allen der Schweiß auf der Stirn.

Weitere Informationen

Clarens Xtreme, Clarens
Tel. 058 2 56 12 60
www.clarensxtreme.co.za

3-stündige Rafting-Tour: je nach Teilnehmerzahl um 750 R/Pers.

Ein wilder Ritt wartet auf die Teilnehmer des Raftings auf dem Ash River.

Von Elefanten, Jägern und Schürfern

Natur pur: Südafrikas größtes Wildparadies, der Krüger-Nationalpark, und gleich daneben das faszinierende Blyde River Canyon Nature Reserve geizen nicht mit Superlativen. Hier die Big Five wie auf dem Präsentierteller, dort bizarre Erosionsskulpturen, Schluchten und Wasserfälle.

Springböcke, hier in der Nähe des Balule-Camps, leben in den offenen Baum- und Grassavannen des südlichen Afrika.

Abends am Lagerfeuer (ganz oben) im Camp Punda Maria im Norden des Parks sind die Eindrücke des Tages noch ganz frisch: der stoisch blickende Wasserbüffel, die friedlich am Wasserloch stehenden Zebras ...

Wie von Geisterhand in die wilde Szenerie gestellt wirken die Elefanten, die man nach langer Fahrt durch den Park auch noch zu Gesicht bekommt.

Auf Safari im Krüger-Nationalpark: Ganz langsam lässt er sein Fahrzeug weiterrollen. Dann holt er sein Fernrohr heraus. Er hat etwas erspäht.

„Psst", bedeutet Ed Gildenhuys seiner Gruppe. „Please be quiet now!" Was er wohl sieht? Seit zwei Stunden cruisen die acht Touristen in einem offenen Safarifahrzeug durch den Krüger-Nationalpark. Es war bislang keine sehr ergiebige Pirschfahrt, zumindest aus Sicht der Passagiere. Viele Nyala-Antilopen haben sie aufgeschreckt, ein paar Kudus und Giraffen sind ihnen begegnet, mehreren Schildkröte, eine Meute Wildhunde, ein weit entferntes, kaum noch zu erahnendes Breitmaulnashorn und eine Vielzahl von Vögeln. Aber Elefanten und Löwen, für die Krüger doch berühmt ist: Fehlanzeige. Dabei hat Ed sich wirklich Mühe gegeben. Die Wildhunde waren in seinen erfahrenen Augen eine Sensation, aber die Gruppe will Löwen! Nun also leise. Der hünenhafte weißhaarige Mann drosselt die Geschwindigkeit. Ganz langsam lässt er sein Fahrzeug weiterrollen, dann holt er sein Fernrohr heraus. Er hat etwas erspäht, da sind sie: Ein Löwenpärchen ruht entspannt turtelnd wenige Meter von der Straße entfernt im Gras.

Wildreichtum kontra Artenschutz

Ed macht den Motor aus und gibt eine Einführung in Wildmanagement, während die Löwen ungerührt weiterdösen. Dass im Krüger auf einer Fläche von rund 20 000 Quadratkilometern etwa 17 000 Elefanten leben, erzählt er, viel zu viele für den durch Wildzäune eingeschränkten Lebensraum. Dass Fachleute schon seit Jahren dafür plädieren, die Dämme – also die künstlich angelegten Wasserlöcher – trockenzulegen, damit das Wild weitere Wanderungen unternehmen muss auf der Suche nach Wasser. Denn so, wie es jetzt ist, frisst es nur das Areal um die Wasserstellen leer. Tatsächlich gleichen manche Regionen einer Wüstenei. „Es ist alles nicht so einfach, wie man es sich bei euch vorstellt", belehrt Ed seine Gruppe. „Tierschutz schön und gut, aber wir müssten die Hälfte unserer Elefanten eigentlich abschießen, weil sie die Natur und damit den Lebensraum anderer Wildtiere im Nationalpark belasten."

Man hat es mit Empfängnisverhütung versucht, aber im Krüger mit seinen riesigen Herden war dies nur ein Tropfen auf den heißen Stein.

„Culling", so nennen sie hier den kontrollierten Abschuss, war eine Zeit lang verboten, wird seit 2007 aber wieder praktiziert.

„Wir betäuben die Elefanten, bevor wir sie erschießen", versichert der Guide.

Und wo sind sie jetzt, die grauen Riesen? Weiter geht's! Ed startet den Motor – Fehlanzeige. Ein ruckendes Stottern, dann nichts mehr.

Flusspferde in einem Wasserloch in der Nähe des Camps Lower Sabie, im Süden des Parks

Ein Leopard hat einen Springbock erlegt und verzieht sich mit seiner Beute auf einen Baum.

Auch die Breitmaulnashörner im Süden des Parkgeländes ziehen sich in der Mittagshitze gerne an ein möglichst schattiges Plätzchen zurück.

Unterwegs mit einem Ranger in der Nähe des Camps Berg-En-Dal im Süden des Kruger National Park

WELTERBE CONTRA TAGEBAU

 Special

Streit um Mapungubwe

Es ist nur ein unscheinbarer Hügel im abgelegenen Grenzgebiet von Südafrika, Botswana und Simbabwe. Und doch eröffnete er den Archäologen einen ganz neuen Blick auf Afrikas Geschichte.

1932 wurden hier nämlich reich ausgestattete Gräber entdeckt. Die Toten trugen kostbaren Goldschmuck und waren mit Grabbeigaben beerdigt, die aus Arabien und China stammen. Der Hügel von Mapungubwe gab Spuren eines Königreichs frei, das vor Greater Zimbabwe, der ältesten bis dato bekannten südafrikanischen Hochkultur, existierte. Man nimmt an, das Mapungubwe von 1050 bis Ende des 13. Jahrhunderts in Blüte stand und Handel bis zur ostafrikanischen Küste trieb. 1994 richtete die Regierung einen Nationalpark um die Ausgrabungsstätte ein, 2002 rief der damalige Präsident Thabo Mbeki den Mapungubwe-Orden als höchsten des Landes ins Leben und verlieh ihn an

Affenbrotbaum im Nationalpark Mapungubwe

Nelson Mandela. Im Jahr 2003 erklärte die UNESCO die Ruinen und Gräber zum Weltkulturerbe. Nichtsdestotrotz genehmigte sieben Jahre später die südafrikanische Regierung Kohle-Tagebau gleich neben dem Hügel. Es gab heftige Proteste, auch seitens der UNESCO. 2011 stoppte ein Gericht das Projekt, doch schon Mitte 2012 wurde die erste Ladung Mapungubwe-Kohle nach Asien geliefert – seither tobt ein erbitterter Streit.

Plötzlich wird die Situation brenzlig. Keine zehn Meter von den beiden Löwen entfernt im offenen Auto und der Motor ist defekt! Die Schrecksekunde dehnt sich in die Länge. Ed steigt aus und schraubt am Vergaser herum. Was wäre, wenn …? Auch ihm ist die Situation nicht geheuer. Endlich hören wir ein asthmatisches Keuchen und der Motor läuft. Wenige Kilometer weiter sehen wir dann endlich auch eine Elefantenherde, friedlich äsend und junge Bäume umstürzend – als sollte uns damit „live" demonstriert werden, welche Zerstörung diese grauen Riesen anrichten können.

Vom Jagdgebiet zum Nationalpark

1998 feierte der Krüger-Nationalpark sein hundertjähriges Bestehen. Als der Präsident der Republik Transvaal, Paul Kruger, 1898 die Einrichtung des Sabie-Naturschutzgebiets verfügte, hatte er allerdings weniger den Artenschutz im Sinn. Ihm ging es vielmehr darum, die Wilderei einzudämmen, die Jagd zu kontrollieren und nur Privilegierte zuzulassen – Kruger war ein passionierter Großwildjäger. Unter dem Wildwart James Stevenson-Hamilton gewann ab 1902 der Schutzgedanke zunehmend an Gewicht; 1927 empfing der durch Zukäufe vergrößerte Krüger-Nationalpark seine ersten Besucher. Heute durchstreifen jährlich

Szenen aus dem Krüger-Nationalpark, im Uhrzeigersinn von ganz oben links: Hütten im Camp Pretoriouskop, Löwen im Nachmittagslicht, Sonnenaufgang in der Nähe des Camps Satara, Tüpfelhyäne mit Jungen in der Nähe des Camps Balule, Giraffen in der Nähe des Camps Satara

Vorsicht, Wildwechsel – damit ist im Krüger-Nationalpark immer zu rechnen:
Elefanten queren die Straße (in der Nähe des Camps Satara).

Im Krüger-Nationalpark leben auf einer Fläche von 20 000 Quadratkilometern etwa 17 000 Elefanten.

Lisbon Falls im Blyde River Canyon

Bourke's Luck Potholes
im Blyde River Canyon

Nachwuchsdigger in der ehemaligen
Goldgräbersiedlung Pilgrims Rest

Überbleibsel des Goldrauschs: Pilgrim's Rest

„Die Vergangenheit steht vor mir, weil ich sie sehen kann. Die Zukunft ist hinter mir, weil ich sie nicht erkennen kann. Und ich gehe rückwärts durch mein Leben."

Weisheit der San

1,5 Millionen Menschen den Nationalpark mit dem Auto oder auf geführten Wildnistouren zu Fuß.

Jäger und Schürfer
Schon lange vor den ersten Weißen war das heute als Nationalpark geschützte Gebiet Jagd- und Lebensraum der San. In kleinen Familienverbänden zogen die Halbnomaden durchs Buschveld, sammelten essbare Pflanzen und jagten Wild. Um das 6. Jahrhundert herum wanderten die ersten sesshaften Völker, die Nguni, in die Region. Nach und nach wurden die San aus ihrem Lebensraum verdrängt, zogen sich in Gebirgsregionen wie die Drakensberge zurück.

Der gewaltige Gebirgsstock wächst wie eine Wand aus dem Lowveld, der Tiefebene des Krüger-Nationalparks, empor und türmt sich hier zu Felszinnen von über 2000 Meter Höhe auf. Weiter südlich an der Grenze zu Lesotho erreichen seine Gipfel sogar Höhen von über 3500 Meter. Er bildet die östliche Abbruchkante, mit dem das zentrale Hochplateau zu den Küstentiefländern abfällt.

Wasserfälle stürzen in die Tiefe und Flüsse haben dramatische Schluchten in das Hochland gefräst – der Canyon des Blyde River gilt mit 26 Kilometer Länge und bis zu 800 Meter Tiefe als drittgrößter der Welt. In seinen Höhlensystemen bezeugen Spuren, dass hier schon in grauer Vorzeit Menschen lebten. Die Erinnerung an den Goldrausch, der die Transvaaler Drakensberge fast 100 Jahre lang, bis 1972, in Atem hielt, bewahrt das Museumsdörfchen Pilgrim's Rest mit einigem historischen Gerät, einem nostalgischen Hotel und „Jimmy's Bar", an deren Tresen Generationen von Schürfern ihre freudigen oder verzweifelten Kommentare hinterließen.

Gottes Fenster auf die Welt
In Jahrmillionen hat die Erosion in den Drakensbergen eigenwillige Gesteinsformationen geschaffen: die Drei Rondavels beispielsweise – Bergkuppen, die aussehen wie Hütten und den Canyon an einer malerischen Stelle überragen – oder Bourke's Luck Potholes, die Geröll und Wasserstrudel am Zusammenfluss von Blyde und Treur River aus dem Sandstein geschliffen haben. Höhepunkt ist God's Window, durch das man in 1829 Meter Höhe auf das Tiefland schaut.

Ob die einst hier oben stehenden San auch bewegt waren von der Majestät dieser Landschaft? Vielleicht. Auf jeden Fall wussten sie scharfäugig das Land nach Wildherden abzusuchen. Was sie erspähten, verewigten sie in Malereien und Gravuren auf den Felsen. Die Drakensberge sind voll davon.

ARTENSCHUTZ

Asiens unseliger Hunger nach Horn

Wenige Themen werden so kontrovers diskutiert wie die Fragen des Artenschutzes. Elefanten und Nashörner stehen dabei im Fokus; die Forderung nach einer Freigabe des Handels mit Elfenbein und Horn entzweit regelmäßig die von Wilderei betroffenen Länder.

Brian Jones hat einen berühmten Freund. Deshalb ist seine Farm Moholoholo am Rand des Krüger-Nationalparks auch in aller Munde. Denn der große südafrikanische Autor Deon Meyer hat Moholoholo eine zentrale Rolle in seinem Krimi-Bestseller „Weiße Schatten" zugewiesen: Es geht um Wilderei, vergiftete Geier, Mord und Artenschutz und bringt reichlich Publicity, die Moholoholo ganz gewiss gut gebrauchen kann.

Denn Jones kann nicht mit spektakulären Wilderer-Jagden aus dem Hubschrauber oder dramatischen Bildern von zuckenden Nashornleibern im Todeskampf Aufmerksamkeit erregen und damit Spendengelder sammeln. Er nimmt auf seiner Farm gänzlich unspektakulär verletzte, vergiftete oder verwaiste Wildtiere auf und engagiert sich besonders für eine nicht gerade sympathisch aussehende Spezies, nämlich Geier. Geierköpfe, so lernen Besucher auf Moholoholo, werden in den traditionellen afrikanischen Kulturen zum Wahrsagen verwendet. Dieser Aberglaube brachte den Kapgeier an den Rand der Ausrottung.

Folgenreicher Aberglaube
Ein anderer Aberglaube macht den Rhinos den Garaus. Als irgendwo in Ostasien ein Politiker sein Krebsleiden angeblich dank einer aus Nashornpulver gemixten Medizin überstand, bedeutete dies das Todesurteil für Afrikas Nashörner. 2008 zählte Südafrika 83 gewilderte Rhinozerosse. 2012 waren es 668. 2016 wurden exakt 1054 Tiere abgeschlachtet. Auch wenn dies zum Vorjahr ein Rückgang von zehn Prozent bedeutete, steht die Spezies am Rand des Aussterbens. Die Jagd auf die Wilderer, das Austrocknen der Märkte und das vorsorgliche Enthornen der Tiere haben auf Dauer nur wenig gebracht. Auch dass die Preise pro Kilogramm Horn signifikant gefallen sind hat nicht viel bewirkt – den Wilderern bleibt immer noch genug Profit.

Legalize it?
Die Hilflosigkeit gebiert eigenwilligste Theorien: Südafrikas Umwelt-

Im Wildlife Rehabilitation Centre der Moholoholo Lodge in der Nähe von Hoedspruit lernen Freiwillige den Umgang mit Wildtieren.

KRUGER NATIONAL PARK
96 – 97

Einige Tiere können nicht mehr in die Wildnis entlassen werden, weil sie sich zu sehr an Menschen gewöhnt haben und sich sogar streicheln lassen.

Reservate & Lodges

Moholoholo, 28 km südlich von Hoedspruit an der R531, Tel. 015 7 95 52 36, www.moholoholo.co.za, geführte Besichtigungen und verschiedene Unterkunftsmöglichkeiten
Camp Jabulani, 10 km südöstlich von Hoedspruit an der R40, Tel. 015 7 93 12 65, http://campjabulani.com, Safaris auf Elefanten, Luxusunterkunft, Rehabilitationszentrum für Geparde
Balule Game Reserve, Kruger National Park, Tel. 021 4 24 10 37, http://balule.krugerpark.co.za, Game drives und Bush Walks, einfache und luxuriöse Unterkünfte
Cheetah Outreach, Heartland's Paardevlei, an der N2 unweit der Somerset Mall, Tel. 021 8 51 68 50, www.cheetah.co.za

ministerin Edna Molewa überlegt, den Handel mit Horn zu legalisieren – immerhin liegen in privaten wie staatlichen Lagern 20 Tonnen Horn von verendeten Nashörnern. Würde man damit Asiens Märkte überschwemmen, wäre es vorbei mit Schwarzhandel und Wilderei. Gleiches gilt für Elfenbein. Wobei der strenge Schutz von Elefanten Südafrika ein kapitales Problem beschert hat: Viel zu viele Dickhäuter treten sich in viel zu kleinen Naturreservaten auf die Füße und zerstören ihren eigenen Lebensraum sowie den anderer Tiere und Pflanzen.

Aufklärung im Busch
Da der südafrikanische Staat die Herkulesaufgabe Artenschutz alleine nicht meistern kann, engagieren sich auch viele private Farmen und Wildreservate: „Jabulani", nur wenige Kilometer von Moholoholo entfernt, betreut Elefanten und Geparde, in der „Balule Game Reserve" dreht sich alles um Nashörner.

Krankenstube für Geparden
Auch andere Initiativen versuchen, Artenschutz und Umwelterziehung zu kombinieren. „Cheetah Outreach" engagiert sich im Schutz der in Südafrika kaum noch vorkommenden Geparde. Die pfeilschnellen Räuber machen allzu gerne Jagd auf Nutzvieh und werden von den Farmern sofort abgeschossen. Wenn die Tiere nur verletzt sind und sie Glück haben, werden sie zu „Cheetah Outreach" unweit von Somerset West am Ostkap gebracht. Hier päppelt das Team um Outreach-Gründerin Annie Beckhelling die Geparden auf und entlässt sie, wenn möglich, wieder in die Freiheit. Außerdem hat sie vielleicht einen Weg gefunden, wie der Mensch den Geparden ihren Lebensraum belassen kann, ohne dass die Farmer Verluste hinnehmen müssen: Die jagdlustigen Katzen – man glaubt es kaum – haben Angst vor Anatolischen Hirtenhunden. Sie nehmen Reißaus, wenn sie von den mutigen Hüterhunden angegriffen werden.

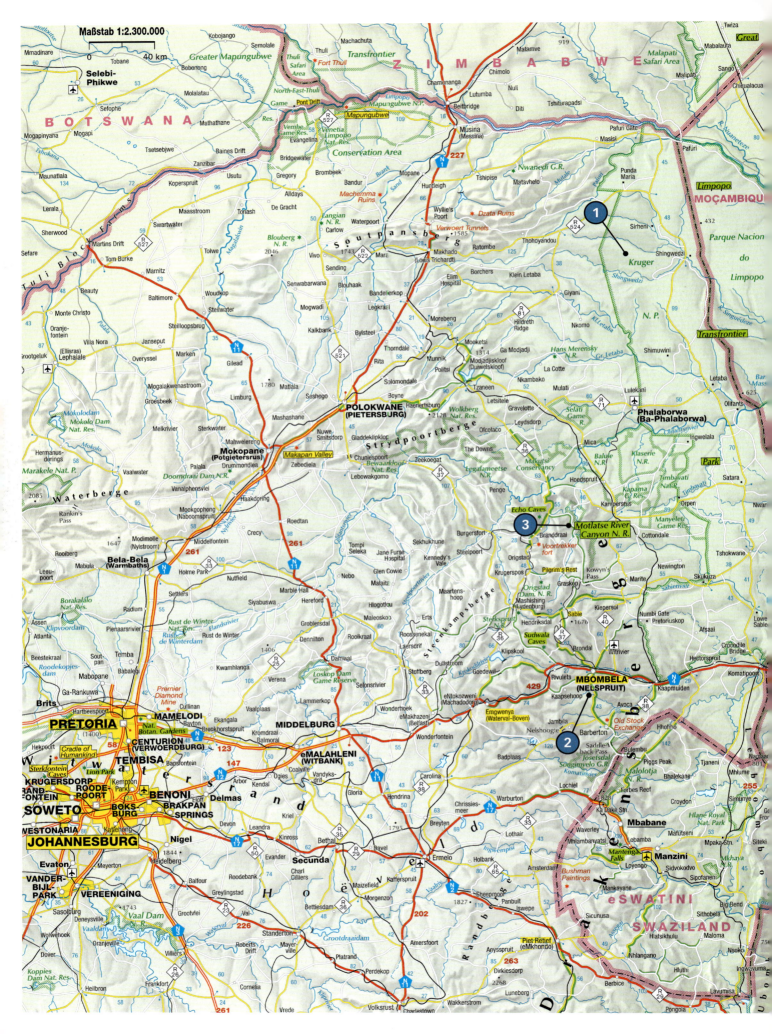

INFOS & EMPFEHLUNGEN

KRUGER NATIONAL PARK
98 – 99

Wilde Tiere und göttliche Aussichten

Limpopo und Mpumalanga, die beiden nordöstlichsten Provinzen Südafrikas, sind Siedlungsraum der Sepete, Ndebele und Zulu. Hier zeigt sich das Land von seiner wilden Seite, und das nicht nur im Krüger-Nationalpark. Großartige Naturlandschaften entfalten sich in den Kleinen Drakensbergen mit dem Blyde River Canyon.

❶ Kruger National Park

Mit einer Größe von knapp 20 000 km² gehört der 1898 gegründete **Kruger National Park (Krüger-Nationalpark) TOPZIEL** zu den ausgedehntesten Schutzgebieten Afrikas. Das 350 km lange Reservat ist bis zu 90 km breit, grenzt im Osten an Mosambik und im Norden an Simbabwe. Im Westen säumen es private Wildreservate; viele haben ihre Zäune zum Nationalpark abgebaut, damit das Wild wandern kann. Seit 2002 ist der Kruger zusammen mit dem Ghonarezhou und dem Limpopo National Park in Simbabwe bzw. Mosambik Teil des Great Limpopo Transfrontier Park. Am touristischsten ist der südliche Bereich des Nationalparks zwischen Sabie- und Olifants River, da sich dort die meisten Camps und Lodges befinden.

TIER- UND PFLANZENWELT

Der Krüger-Nationalpark ist einer der artenreichsten des südlichen Afrika. Hier sind die Big Five ebenso zu Hause wie 148 Säugetier-, 505 Vogel- und 118 Reptilienarten. Hinzu kommen 170 000 Impalas, fast 17 000 Elefanten,

Während außerhalb der Zäune die Wildnis lauert, kann man sich in den Camps wie Pretoriouskop bedenkenlos frei bewegen.

mehr als 8000 Nashörner (davon 400 Spitzmaulnashörner), über 45 000 Büffel, 1700 Löwen und 1000 Leoparden. Auch Rudel der sehr seltenen Afrikanischen Wildhunde durchstreifen die Wildnis; ihre Zahl wird auf etwa 120 geschätzt. Wer Wildhunde oder einen der nur 120 Geparde erspäht, hat großes Glück gehabt. Die Vielfalt der Pflanzen steht jener der Tiere nicht nach. 336 Baumarten gibt es beispielsweise. Während der Mopanebaum mit seinen schmetterlingsförmigen Blättern am häufigsten in der nördlichen Hälfte vorkommt, dehnt sich im Süden lichtes, mit Büffelgras bestandenes Buschland mit verschiedenen Akazienarten, Korallen- und Marulabäumen aus. Entlang der Wasserläufe, die den Park fast alle von West nach Ost durchfließen, gedeihen Schilf und Galeriewälder. Die meisten fallen außerhalb der Regenzeit trocken.

TORE UND CAMPS

Der gesamte Park und die Camps (außer Wildniscamps) sind wildsicher eingezäunt. Die neun **Parktore** öffnen je nach Jahreszeit zwischen 5.30 und 6.30 und schließen zwischen 17.30 und 18.30 Uhr. Die gleichen Zeiten gelten auch für die Camps. An den Parktoren wird der Eintritt entrichtet (ca. 300 R/Tag). Die zwölf **Hauptcamps** gleichen Kleinstädten mit Tankstelle, Restaurants und Läden; einige besitzen sogar einen Pool. Geschlafen wird auf Campingplätzen, in Cottages oder komfortablen Safarizelten sowie in Bungalows mit oder ohne eigene Sanitäranlagen bzw. Küche. Eine Reservierung wird vor allem in den südafrikanischen Ferien dringend empfohlen (Tel. 012 4 28 91 11, Mo.–Fr. 7.30–17.00, Sa 8.00–13.00 Uhr, www.sanparks.org/bookings). Einige der Hauptcamps besitzen kleinere Satellitencamps, in denen sich die Übernachtungsgäste der Wildnis deutlich näher fühlen. Auch Bushveld-Camps bieten diese intensivere Erfahrung, besitzen außer Cottages und Stellplätzen aber keinerlei Infrastruktur.

KLIMA UND REISEZEIT

Das Klima des Nationalparks prägt eine heiße Regenzeit in den Sommermonaten zwischen November und April und eine kühle Trockenzeit im Winter. Die beste Zeit für die Tierbeobachtung sind die regenarmen Monate, weil das Wild sich dann in der Nähe der Flüsse bzw. der künstlich angelegten Wasserstellen aufhält und leichter gesichtet wird. Zudem ist die Gefahr

---

Tipp

Außenposten

Ganz im Norden liegt mit dem **Makuleke Contract Park** ein in Zusammenarbeit mit der lokalen Volksgruppe der Makuleke erschlossenes Wildschutzgebiet. In den Camps – allen voran im so luxuriösen wie ungewöhnlich designten € € € **Outpost** – arbeiten vorrangig Menschen aus der Region. Ein Teil der Erträge kommt der lokalen Gemeinschaft zugute. Dass ökologisch gewirtschaftet wird, versteht sich von selbst. Und das Camp wie die umgebende Landschaft sind einfach ein Traum!

Makuleke Contract Park, www.krugerinfo.co.za/place/view/128_makuleke-contract-park

INFOS & EMPFEHLUNGEN

einer Malaria-Infektion im Winter geringer – der Nationalpark ist Risikogebiet.

REGELN IM PARK
Besucher dürfen mit dem eigenen Auto auf Pirschfahrt gehen; offene Fahrzeuge, Fahrräder oder Motorräder sind jedoch verboten). Höchstgeschwindigkeit auf befestigten Straßen ist 50 km/h, auf unbefestigten 40 km/h. Außerhalb der dafür vorgesehenen Zonen darf man nicht aus den Fahrzeugen aussteigen. Alle Besucher müssen den Park vor der Schließung der Tore verlassen bzw. rechtzeitig die Camps angefahren haben; dafür sollte ausreichend Zeit eingeplant werden, denn nicht immer kommt man so schnell voran wie gedacht.

RESTCAMPS
Zu den wichtigsten und beliebtesten Restcamps im südlichen Teil zählen:
Lower Sabie: Das Camp unweit eines Stausees zieht in den Morgen- und Abendstunden Büffel, Elefanten, Warzenschweine und Löwen an. Auch zahlreiche Flusspferde kommen zur Tränke. Diverse Unterkunftsmöglichkeiten; jeder Stellplatz mit eigenem Wasseranschluss.

Tipp
Über dem Sabie River

Erst wenn der Gurt wirklich fest sitzt und der Schlitten kontrolliert ist, geht's los. Wie im Rausch rast man am Drahtseil hängend vom Startpunkt zur ersten Plattform über ein schier undurchdringliches, dichtes Blätterdach. So geht es weiter, von Plattform zu Plattform, mit Blick auf den Tropenwald und auf die glitzernden Mäander des Sabie River, bis das 1200 m entfernte Ziel auf der anderen Talseite erreicht ist. Nichts für Menschen mit Höhenangst – alle anderen haben einen Riesenspaß.

Das Seilrutschen-Abenteuer über dem Sabie-Tal veranstaltet: Skywaytrails, Perry's Bridge, Main Road, Hazyview, Tel. 013 7 37 67 47, www.skywaytrails.co.za

Zwerge und Riesen im Krüger-Nationalpark: Elefantenherde an einer Wasserstelle, Haubenbartvogel am Olifants-Aussichtspunkt

Pretoriouskop: Eines der größten Rastlager in reizvoller, von Granitkuppen geprägter Landschaft. Hier kann man mit Sicherheit Breitmaulnashörner beobachten. Ein in Felsen eingefügter Pool sorgt für Erfrischung.
Orpen: Einfaches Camp ohne Restaurant unweit des Orpen Gate. Attraktiv sind die beiden im Busch verborgenen „Satelliten-Camps" Maroela und Tamboti, Letzteres am Hochufer über einem Flusslauf mit direkter Sicht auf das vorbeiziehende Wild.
Olifants: Hoch über dem Olifants River gelegen, mit fantastischem Blick auf das Buschveld, Flusspferde, Büffelherden, Giraffen, Kudus und Elefanten sowie viele Vögel. Kein Campingplatz.
Letaba: Etwas ruhiger als Olifants, aber ähnlich schön über dem Letaba River gelegen. Das Elephant Hall Museum im Camp stellt mächtige Stoßzähne berühmter Krüger-Elefanten aus.

UNTERKÜNFTE
Auf halbem Weg zwischen Blyde River Canyon und Krüger-Nationalpark bietet das €€ **Blyde Mountain Country House** (R531 Hoedspruit, 97/3 Tel. 072 4 80 13 34, www.blydemountainhouse.com) seinen Gästen mit reetgedeckten Bungalows in einem parkartigen Garten eine sehr angenehme Bleibe.

AKTIVITÄTEN
Selbstfahrer erleben den Krüger-Nationalpark auf eigene Faust und im selbstbestimmten Tempo. Vorteil: Man kann anhalten und Wild beobachten, wann und wie lange man dies möchte. Nachteil: Ohne Erfahrung fällt es oft schwer, Tiere im Busch zu erkennen.
Von den Camps organisierte Game Drives starten in den frühen Morgenstunden und am späten Nachmittag; einige bieten auch Nachttouren an. Von erfahrenen Guides geführt, sehen die Passagiere nicht nur wesentlich mehr Tiere, sondern lernen auch viel über diese.

UMGEBUNG
Westlich an den Nationalpark grenzen mehrere private Wildreservate, die meisten mit Luxuslodges und Unterkunft in eleganten Chalets oder Safari-Zelten mit allem Komfort. Die – hohen – Preise beinhalten Vollpension und alle Pirschfahrten sowie weitere Aktivitäten. Da die Guides die Tiere und das Areal ihrer Lodge sehr gut kennen, sind die Chancen spektakulärer Wildsichtungen höher als im Nationalpark. Empfehlenswerte Game Reserves sind beispielsweise €€ **Sabi Sabi** (Tel. 011 4477172, www.sabisabi.com) oder das Timbavati Private Game Reserve, deren €€€ **Ngala Lodge** zu den schönsten der Region zählt (Tel. 011 8094300, www.andbeyond.com).

❷ Nelspruit/Mbombela

Die Hauptstadt der Provinz Mpumalanga ist mit etwas mehr als 20 000 Einwohnern das landwirtschaftliche Zentrum des Lowveld mit gro-

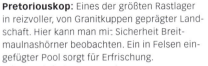

Selbstfahrer erleben den Krüger-Nationalpark auf eigene Faust und im selbstbestimmten Tempo.

ßen Obst- und Gemüsekulturen. Als Ausgangspunkt für Touren in den Krüger-Nationalpark und zum Blyde River Canyon ist der Ort ideal. Sehenswert ist der **Lowveld National Botanical Garden** mit der für das Tiefland charakteristischen tropischen Flora (Tel. 013 7 52 55 31, Sept.–März 8.00–18.00, April–Aug. 8.00–17.00 Uhr). 35 km nördlich entführen die **Sudwala Caves** in die Frühgeschichte der Erde. Entstanden ist das Höhlensystem vor 240 Mio. Jahren. Es bot dem Homo Habilis Schutz, diente als Festung und Zuflucht in Auseinandersetzungen der Swazi-Völker und als Waffenlager im zweiten Burenkrieg (www.sudwalacaves.com, tgl. 8.30–16.30 Uhr). Im modernen Safaristil sehr persönlich eingerichtet ist das €€ **B & B Utopia in Africa** (6 Daleen St., Tel. 013 7 45 77 14, www.utopiainafrica.co.za).

3 Blyde River Canyon

Den nördlichen Teil der Drakensberge, der den Krüger-Nationalpark begrenzt, nennen die Südafrikaner Kleine- oder Transvaal-Drakensberge. „Klein", weil sie mit Höhen um 2000 m mit den über 3500 m aufragenden Riesen südlich nicht mithalten können, was sie aber nicht weniger imposant erscheinen lässt. Der Gebirgszug ist Teil des Escarpements – des Übergangs vom Hochland zum Lowveld im Osten. Während sich der Höhenunterschied von über 800 m hier schroff mit dramatischen Felsstürzen vollzieht, senkt sich das Hochplateau nach Süden und Westen kaum merklich zur Küste ab. Seit Jahrmillionen arbeiten die Kräfte der Erosion an dem auf einem Granitsockel aufgebauten Sandstein-Gebirge; Flüsse haben sich tiefe Schluchten gegraben, der Wind formte wundersame Skulpturen, die das **Blyde (Motlatse) River Canyon Nature Reserve TOPZIEL** zum besonders reizvollen Reiseziel machen.

PANORAMASTRASSE

Die gut ausgebaute R532 durchquert von Graskop aus das Naturreservat des Blyde River von Süd nach Nord. Abstecher führen zu sehenswerten Orten und Aussichtspunkten. Bereits nach wenigen Kilometern zweigt die R534 nach Osten ab. **God's Window** und **Wonder View** sind zwei fantastische Aussichtspunkte über das 1000 m tiefer liegende Lowveld. Hier tritt die Abbruchkante des Escarpements deutlich hervor. Sie markiert die Bruchstelle, an der der Urkontinent Gondwana vor 150 Mio. Jahren auseinanderbrach. Vom südafrikanischen Sockel lösten sich Madagaskar und die Antarktis. Etwa 300 Stufen von God's Window bergauf führen in ein kleines Stück tropischen Regenwaldes – ungewöhnliche Vegetation an einem ungewöhnlichen Ort.

Zurück auf der R532 bieten sich Abstecher nach Westen zu den **Lisbon Falls** (92 m) und **Berlin Falls** (45 m) an. Ein Stück weiter an der R532 markieren die **Bourke's Luck Potholes** den Zusammenfluss von Blyde und Treuer River. Das vom Wasser mitgeführte Gestein hat in den Sandstein eigenwillige, zylindrisch geformte Strudellöcher mit unterschiedlich gefärbten Gesteinsschichten geschliffen. Weiter nach Norden weisen Schilder den Weg zum Aussichtspunkt auf die **Three Rondavels**. Zu Füßen der drei wie Strohhütten geformten Bergkegel strömt in 700 m Tiefe der Blyde River dahin; die Schluchtwände fallen nahezu senkrecht ab. Auf der Rückfahrt empfiehlt sich ein Abstecher in das ehemalige Goldgräberdorf **Pilgrim's Rest**, wo einige denkmalgeschützte Häuser (Royal Hotel, Druckerei, Kirche) an die bewegte Vergangenheit des Ortes erinnern. Der Goldabbau wurde hier erst 1972 eingestellt. Im Diggings Museum bekommen Besucher einen Eindruck davon, wie Gold geschürft wurde, und dürfen selbst ihr Glück versuchen (tgl. 10.00, 11.00, 12.00, 14.00, 15.00 Uhr). Tickets für die Museen (Druckerei, Haus-Museum, Dredzen Shop & House Museum) verkauft das Information Center (tgl. 9.00–16.00 Uhr, www.pilgrims-rest.co.za).

KRUGER NATIONAL PARK
100 – 101

Genießen Erleben Erfahren

Aug' in Aug' mit dem Flusspferd

Geführte Wildniswanderungen versprechen das wohl intensivste Naturerlebnis im Krüger-Nationalpark. Die Gruppen nähern sich dem Wild lautlos, kein Motorengeräusch stört die Tiere auf – einfach paradiesisch!

„Hi guys, let's go on a walk!" Lässig begrüßt Wayne – mit kurzer Hose, Khaki-Hemd und Südwester-Hut der Inbegriff eines Rangers – die Wandergruppe. Der „Spaziergang" führt nicht durchs Olifants Camp, sondern jenseits des sichernden Zauns in die Wildnis, und da gilt: Den Anweisungen des Guides ist unbedingt Folge zu leisten – Alleingänge können schlimm enden. Eng zusammenbleiben, leise sein, auf Kommando sofort zurückziehen, heißt die Devise. Wayne geht voraus, die Gruppe im Gänsemarsch hinterher. Schon nach fünf Minuten ein erster Stopp: Friedlich äsen zwei Kudus auf der Lichtung. Aber das ist es nicht, was Wayne elektrisiert. Weiter hinten, auf einem Granitbuckel, bewegen sich zwei schwarz getupfte gelbe Katzen. „Cheetahs", flüstert Wayne in die andächtige Stille und fasst sein Gewehr etwas fester. Aber die Geparde reagieren überhaupt nicht auf die Eindringlinge. In den folgenden zwei Stunden begegnet die Gruppe vielen Nyalas, einem Breitmaulnashorn, einem Schlangenadlerpärchen und einer Warzenschweinfamilie.

Das Laufen durch die mit hohem Gras und Dornbüschen bestandene Landschaft vermittelt ein Gefühl absoluter Symbiose mit der Natur. Doch plötzlich: „Go! Go!" brüllt Wayne. Die Gruppe stürzt los, das aufgescheuchte Flusspferd hinterher. Wayne hatte am Fluss nach Elefanten gesucht und den äsenden Koloss übersehen. Gerade noch mal gut gegangen!

Weitere Informationen

Bush Walks werden von allen großen Camps aus morgens und nachmittags angeboten und können vor Ort gebucht werden (300 bis 500 R/Pers.). In den frühen Morgenstunden stehen die Chancen, Wild zu begegnen, besonders gut. Lange Hosen, langärmelige Hemden und festes Schuhwerk sind wegen der Dornbüsche unbedingt zu empfehlen.

In kleinen Gruppen geht es bei Bush Walks durch die Savanne, Gewehr und Feldstecher stets im Anschlag.

JOHANNESBURG, PRETORIA, KIMBERLEY
102 – 103

Gold & Diamanten

Das südafrikanische Hochland birgt den heimlichen Reichtum des Landes: Gold, Uran, Diamanten. Kein Wunder, dass hier die größten Städte und Industrieregionen des Landes liegen. Kein reizvolles Ziel? Von wegen! Wo sonst können Reisende die vibrierende Dynamik, das quirlige urbane Leben Südafrikas so konzentriert erleben wie hier? Wo sonst ließe sich erfahren, was der Alltag in einer Township bedeutet? Und, nicht zuletzt: Wo sonst fände man die aufregendsten Museen des Landes?

Panoramablick vom Carlton Centre in der Johannesburger Commissioner Street, mit 223 Metern Höhe einer der höchsten Wolkenkratzer Afrikas

Nelson-Mandela-Bridge im
Johannesburger Stadtteil Newtown

Das Johannesburger FNB-Stadion – noch unter dem Namen „Soccer City" Austragungsort
des Eröffnungsspiels der Fußball-WM 2010 – ist das größte Fußballstadion Afrikas.

In Soweto: „Wenn wir wahren Frieden in der Welt erlangen wollen,
müssen wir bei den Kindern anfangen." (Mahatma Gandhi)

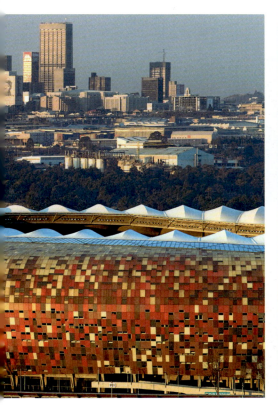

Nightlife: : Jazzsession im Club „Sophiatown"
in Johannesburgs Stadtteil Newtown

Von der Anhöhe der Union Buildings betrachtet, liegt Pretoria unter einer zartlila Decke, als hätte sich der Künstler Christo die Stadt vorgenommen und sie mit violetten Spitzen umhüllt. Wenn im November die 70 000 Jacarandabäume in Südafrikas Hauptstadt blühen, verwandeln sie noch die tristesten Winkel der Metropole in ein Zauberreich. Von den altehrwürdigen Union Buildings, dem historischen Sitz des südafrikanischen Parlaments in den Wintermonaten, ist aber auch noch etwas anderes zu sehen: das Voortrekker Monument auf einem Hügel auf der anderen Seite der Stadt. Was die Parlamentarier wohl bei dem Anblick dieses Tempels empfinden, der den unerbittlichen Überlebenswillen der Voortrekker heroisiert und ihren Sieg über die Zulu 1838 bei der Schlacht am Blutfluss feiert? Mit diesem Sieg erreichten die Buren das Ziel ihres Trecks: Sie hatten Land erobert, in dem sie eine eigene, von den Fesseln der englischen Kolonialherren befreite Republik gründen konnten. 3000 Zulu starben, unter den Buren gab es drei Verletzte, darunter ihr Anführer Andries Pretorius, der Namensgeber Pretorias. Nicht verwunderlich also, dass die Metropolregion Pretoria bald nach dem Ende der Apartheid umbenannt wurde. Sie heißt jetzt Tshwane.

Ganz entspannt im Zentrum
Die Statue einer anderen burischen Symbolgestalt dominiert den hübschen Church Square in Pretorias Zentrum. Paul Kruger hatte als Präsident von Transvaal verzweifelt gegen die britische Landnahme gekämpft und 1902 schließlich verloren. Dass er ein Rassist war, ist unbestritten; doch Südafrika verdankt ihm die Einrichtung des Sabie-Naturreservats, mit der der passionierte Jäger den Grundstein für den Krüger-Nationalpark legte. Sein martialisch gestaltetes Denkmal vermag zum Glück auch nicht die friedliche Idylle dieses Platzes zu stören, auf dessen Parkbänken mittags die Angestellten der umliegenden Büros die Sonne genießen oder auf dem Rasen ein Schläfchen halten. Gesäumt wird die grüne Oase von herrschaftlichen Häusern im Stil der Neorenaissance: Justizpalast, Bankgebäude und der Republikeinse Raadsaal, in dem einst die Regierung residierte. Heute hat die Regierung ihren Sitz in den von Eduard Baker entworfenen Union Buildings oberhalb des Stadtzentrums. Nicht weit entfernt wohnen übrigens Präsident und Minister in von hohen Elektro- und Stacheldrahtzäunen gesicherten Villen. Diese brachialen Sicherheitsmaßnahmen wurden erst vor einigen Jahren ergriffen. Als noch Nelson Mandela und Thabo Mbeki die Präsidentschaft innehatten, war das Regierungsviertel noch keine Wagenburg. Jakob Zuma und seine Mannschaft scheinen ihr Volk hingegen zu fürchten.

Woher der Rand seinen Namen hat
Witwatersrand, der Bergrücken des weißen Wassers, das Herzstück der ehemaligen Burenrepublik Transvaal, bildete mit seinen Gold- und Uranvorkommen

Johannesburg ist einer der wichtigsten Finanzplätze Afrikas.

lange Zeit die Grundlage für Südafrikas Reichtum. Der südafrikanische Rand verdankt seinen Namen diesem Höhenrücken und dessen Gold. Hier in der heutigen Provinz Gauteng entwickelte sich das bevölkerungsreichste städtische Ballungsgebiet Afrikas südlich der Sahara. Pretoria und Johannesburg sind mit ihren Industriesiedlungen zu einer Me-

Pretoria: Tshwane-Church Square mit dem Paul-Kruger-Denkmal von Anton van Wouw

Von den imposanten Union Buildings auf der Meintijeskop-Anhöhe blicken Südafrikas Parlamentarier auf die elegante Hauptstadt Pretoria mit ihrem futuristischen Zentrum.

Goin' Downtown: Die Innenstadt von Pretoria erwacht nach Jahren des Niedergangs zu neuem Leben.

Afrikas Antwort auf Las Vegas heißt Sun City. Nicht zufällig wurde die 1977 erbaute Fantasiestadt im Nordwesten von Johannesburg in der zeitgleich für unabhängig erklärten Republik Bophuthatswana, einem ehemaligen Homeland, errichtet. Hier galten liberalere Gesetze für das Glücksspiel.

Special

Ndebele

In der Tradition verwurzelt

Es gibt sie als Schlüsselanhänger und als Puppe – die aus bunten Perlen gefertigten Ndebele-Figürchen sind ein beliebtes Souvenir. Wo aber leben die echten Ndebele?
In der kargen Graslandschaft des Hochveld nordöstlich von Pretoria fallen ihre bunt bemalten Rundhütten sofort ins Auge. Abstrakte geometrische Muster umrahmen vor allem den Eingang zum Gehöft. Früher schufen die Künstlerinnen diesen Wandschmuck aus natürlichen Farbstoffen der Erde, seit aber moderne Kunstfarben erhältlich sind, greifen die Frauen lieber zum strahlenden Tiefblau, zum kühlen Türkis, zum leuchtenden Rot und warmen Goldgelb. Die Dörfer sehen aus, als kämpfte dieses Volk von Rinderzüchtern mit allen Farben des Regenbogens gegen das Graubraun der Landschaft an. Auch ihre charakteristischen Wolldecken und der reiche Perlenschmuck sind kunterbunt mit grafischen Motiven gestaltet.

Im Mapoch Ndebele Cultural Village

Die meisten Ndebele führen ein stark in den Traditionen verwurzeltes Leben. In jedem vierten Jahr werden junge Männer gemeinsam initiiert. Für drei Monate verschwinden sie im Busch, bis sie schließlich mit der Beschneidung den „Fluss" zwischen Kindheit und Erwachsensein „überqueren". Die Mädchen hingegen ziehen sich ins Haus zurück und lernen dort von der Mutter die Techniken der Wandmalerei und der Perlenstickerei.

tropolregion mit offiziell fast acht, Schätzungen zufolge knapp zwölf Millionen Einwohnern zusammengewachsen. Sie erwirtschaften 34 Prozent des südafrikanischen BIP. Johannesburg ist einer der wichtigsten Finanzplätze Afrikas; in Industrieorten wie Vereeniging wird Kohle abgebaut und Eisen verhüttet. Riesige Staudämme speichern Wasser, um den enormen Durst von Gautengs Industriebetrieben zu stillen. Einer Untersuchung zufolge liefert Gauteng 80 Prozent der in Südafrika erforderlichen Energie, eine andere besagt, dass die Menschen hier das höchste Durchschnittseinkommen des Landes haben. Die Dynamik dieser Region ist allerorten zu spüren, besonders aber in Johannesburg, diesem monströsen Stadtgebilde, das von West nach Ost zu durchwandern angeblich drei Tage dauern würde.

Neues Leben für die Geisterstadt

Dabei würde der Spaziergänger am zweiten Tag eine relativ ausgestorbene Zone durchqueren, Joburgs Stadtzentrum. Der Anblick der vielen leer stehenden Wolkenkratzer, der vor allem von Bettlern und Straßenhändlern bevölkerten Avenuen ist gespenstisch. Kanzleien, Banken, Unternehmen, Hotels und Bewohner sind aus dem von Kriminalität geplagten Zentrum ab Ende der 1980er-

Die Diamantenfundstätten um Kimberley – hier: The Big Hole, aus dem bis 1914 Diamanten gefördert wurden – liegen nicht oberirdisch in Flussläufen, wie in anderen Regionen, sondern in Kimberlit-Gestein eingeschlossen in einem erstarrten vulkanischen Schlot.

Typischer Verandastil an der ehemaligen Villa der Familie Oppenheimer, …

… die fast 100 Jahre lang als reichste Familie der Kaprepublik den weltgrößten Diamantenförderer De Beers dominierte. Erst 2011 endete die Ära durch den Verkauf der Anteile an Anglo American.

Jahre in einen Nobelvorort umgesiedelt, das feine Sandton im Norden. 2001 zog sogar die Johannesburger Börse um. Die City gehörte Armen, Drogendealern und Squattern. Seit einigen Jahren sind allerdings zaghafte Schritte zu beobachten, die den Trend umkehren sollen. Künstler und Investoren haben das Zentrum wiederentdeckt und richten sich neu ein. Die einen mit Netz und doppeltem Boden, sprich hochgerüsteten Sicherheitsanlagen, wie sie etwa Jonathan Liebmanns Künstlerquartier „Arts on Main" bewachen, in dem seit 2009 auch Südafrikas berühmtester Fotokünstler William Kentridge residiert. Die anderen im Vertrauen darauf, die Spirale von Angst und Gewalt ohne Abschottung durchbrechen zu können. Adam Lewy ist einer dieser Visionäre: Sein Immobilienbesitz im Stadtteil Braamfontein – ebenfalls ein Künstler- und Designerareal – ist ungesichert. Die Leute sollen Spaß haben und die Angst vergessen, beim samstäglichen Wochenmarkt oder in der Rooftop-Bar The Beach mit Sonnenstühlen auf dem Dach eines Hochhauses.

Gesundheit ist keine Hexerei

Man riecht den Laden, bevor man ihn wahrnimmt. Das KwaZulu Muti Museum in der Diagonal Street ist weder Museum noch Geschäft. Es gleicht einer überdimensionalen Hexenküche. Wenige Schritte vom futuristischen Diamond Building entfernt tun sich düstere Gewölbe auf, in denen Antilopenhörner neben verschrumpelten Wurzeln hängen, Priesterstäbe sich neben seltsamen Samenkapseln stapeln, Frauen mit weiß geschminkten Gesichtern angeregt mit Senioren in Leopardenfell über den Nutzen dieses Schildkrötenpanzers und die Anwendungsbereiche jener getrockneten Eidechsenhäute plaudern. Und es stinkt bestialisch. KwaZulu Muti ist ein Laden für den Bedarf traditioneller Heiler, deren Zahl im modernen Südafrika auf 200 000 geschätzt wird. Das Genre hat regen Zulauf und wer sich berufen fühlt, kann in diesem vor knapp 70 Jahren eröffneten Laden allein unter 1900 verschiedenen getrockneten Kräutern wählen. Ja, man kann hier auch gleich einen Wahrsager engagieren.

Hilfe zur Selbsthilfe

Welche Zukunft hätte ein solcher Wahrsager wohl dem kleinen Thulani Madondo vorausgesagt, der in Kliptown, einer Township von Soweto, aufwuchs? Rund 45 000 Menschen leben hier in bescheidenen Häuschen oder Wellblechhütten unter Bedingungen, die man sich noch nicht einmal vorstellen möchte: Etwa 80 bis 100 Familien teilen sich einen Brunnen; die Stromversorgung existiert, wenn überhaupt, nur durch illegales Anzapfen; es gibt keine Straßen oder gepflasterten Wege, bei Regen versinkt die Siedlung im Schlamm. Thulanis Zukunft schien vorgezeichnet: ein paar Jahre Schulbesuch, Gelegenheitsarbeiten, Arbeitslosigkeit wie bei 70 Prozent der Einwohner von Kliptown. Doch Thulani jobbte, schaffte die Secondary School und studierte. Mit einem Abschluss im Fach Kommunalentwicklung kehrte er nach Kliptown zurück und gründete mit Freunden 2007 in den Räumen eines ehemaligen Missionsprojekts das Kliptown Youth Program: Kinder und Jugendliche bekommen morgens ein Frühstück, um nicht hungrig in die Schule gehen zu müssen, und werden nachmittags von Tutoren betreut, die mit ihnen lernen. Älteren Schülern hilft man bei der Suche nach Nebenjobs, um Bücher und Schuluniformen zu finanzieren. Damit das Programm auch Spaß macht, wird viel Sport getrieben und musiziert. Das Projekt finanziert sich aus privaten Spenden, beispielsweise von Besuchern, die bei Soweto-Touren bei KYP einkehren und von den Kids mit einem temperamentvollen Gum Boot Dance begrüßt werden. 400 Kinder sind im Augenblick dabei, viel mehr wären es gerne. In Kliptown ist Thulani ein Held.

UNSERE FAVORITEN

Die wildreichsten Nationalparks

Den Big Five auf der Spur

Hat man einen Nationalpark gesehen, kennt man alle? Weit gefehlt! Jedes Schutzgebiet pflegt seine Besonderheiten. Mal ist es die charakteristische Landschaft, dann wieder der spezielle Schutzgedanke, der dahinter steckt. Von den Wüstenebenen der Kalahari bis zu den tropischen Sümpfen St. Lucias reicht das Spektrum, von der Bewahrung der Hyänen bis zum Schutz der Rhinos wird um das Leben bedrohter Tierarten gekämpft.

① iSimangaliso Wetland Park

Nicht nur die Big Five – Elefant, Nashorn, Löwe, Leopard und Büffel – sind hier beheimatet, Wal und Weißer Hai ergänzen das Quintett gar zu den „Big Seven". Fisch- und Vogelreichtum sind enorm und stellen den Besucher vor die Qual der Wahl: Nach Korallenfischen tauchen und vielleicht einem Buckelwal begegnen? Oder lieber bei einem Game Drive über Breitmaulnashörner, Flusspferde und Giraffen staunen?

KwaZulu Natal, St. Lucia
Tel. 035 5 90 16 33
http://isimangaliso.com

② Kruger National Park

Mit Camps von luxuriös bis rustikal bietet der Krüger-Nationalpark Unterkünfte und Wildbegegnungen für jeden Geschmack. Wer gerne in einem komfortablen Chalet an einem nachts beleuchteten Wasserloch von Sterneköchen verwöhnt wird, während in sicherem Abstand Löwen und Nashörner an der Tränke paradieren, findet hier ebenso sein Dorado wie der Trekker, der sich vor den Hyänen vor seinem Zelt nachts nicht fürchtet. Und die Wildbestände, allen voran Löwen und Elefanten, sind legendär.

Limpopo/Mpumalanga
400 km östlich von Johannesburg
www.sanparks.org

③ Hluhluwe-Imfolozi National Park

Alleine wegen der majestätischen Berglandschaft ist dieser Nationalpark einen Besuch wert. Die Topografie macht die Wildbeobachtung zwar etwas schwieriger, zugleich aber auch spannender. Hluhluwe ist berühmt für seine Nashornpopulation – oft sieht man die grauen Kolosse gleich nach der Einfahrt in den Nationalpark am Hang genüsslich äsen. Außerdem stehen die Chancen nicht schlecht, neben den Big Five die seltenen, vom Aussterben bedrohten Hyänenhunde zu sichten.

KwaZulu Natal
240 km nördlich von Durban
www.kznwildlife.com

UNSERE FAVORITEN
110 – 111

4 Kgalagadi Transfrontier Park

Das Reich der roten Dünen, gleißend-hellen Salzpfannen und schwarzmähnigen Kalahari-Löwen bietet ein visuelles Kontrastprogramm zu den grünen Landschaften im Süden. Große Herden von Gemsböcken, Giraffen und Springböckchen treffen auf Löwenrudel und Geparde. Siedelweber verwandeln Akazien in riesige Nestkolonien. Morgens wärmen sich die putzigen Erdmännchen in der Sonne. Ein besonderes Erlebnis sind Pirschwanderungen mit den Ureinwohnern der Kalahari, den San.

Northern Cape, 250 km nördlich von Upington
www.sanparks.org

5 Addo Elephant National Park

Elefanten sind das Aushängeschild des Nationalparks bei Port Elizabeth, dessen landschaftliche Vielfalt von der ariden Karoo im Norden über den zerklüfteten Gebirgszug der Zuurberg Mountains bis zur subtropisch bewachsenen Küstenlinie am Indischen Ozean reicht. Dabei gab es Ende der 1940er-Jahre kein Dutzend der Dickhäuter mehr in der Region. Wer sich traut, kann heute sogar auf (zahmen) Elefantenrücken auf Safari reiten. Das Wild zeigt sich eher scheu, doch jede Begegnung mit einem der über 600 Elefanten ist ein Erlebnis.

Eastern Cape, 75 km östlich von Port Elizabeth
www.sanparks.org

6 Mokala National Park

Mokala, der Sestswana-Name für den Kameldorn, ist nicht zufällig Pate für diesen im Jahr 2007 eingerichteten südafrikanischen Nationalpark. Der zähe Baum oder Strauch prägt mit seinen dornbewehrten Ästen maßgeblich die semiaride Landschaft des Schutzgebiets. Nicht die Big Five, sondern bedrohte Antilopenarten stehen im Fokus der Schutzbemühungen: Tsessebe (Leierantilopen), Pferdeantilopen und Weißschwanzgnus wurden aus einem älteren Nationalpark hierher gebracht; daneben zeigen sich Breit- und Spitzmaulnashörner sowie die seltenen Weißrückengeier.

Northern Cape, 75 km südwestlich von Kimberley
www.sanparks.org

INFOS & EMPFEHLUNGEN

JOHANNESBURG, PRETORIA, KIMBERLEY
112 – 113

Das Ziel des Großen Trecks

Der Witwatersrand, die bevölkerungsreichste Region Südafrikas, präsentiert sich als eine facettenreiche urbane Landschaft – vom kolonialen Zentrum Pretorias über die Hochhaus-City Johannesburg bis hin zu den uniformen Siedlungen ehemaliger und nach wie vor von Armut geprägter Townships.

GESCHICHTE

Die heutigen Provinzen North West, Free State und Gauteng spielten eine wichtige Rolle im Bestreben der Buren nach Unabhängigkeit. Nach Annexion der Kap-Kolonie durch die Briten machten sich etwa 14 000 niederländischstämmige Voortrekker 1835 auf den Weg ins Landesinnere, wo sie sich eine neue Heimat erhofften. Im Konflikt mit den dort lebenden Zulu und Ndebele kam es zu erbitterten Kämpfen, die Andries Pretorius 1838 in der Schlacht am Blood River siegreich beendete. Die Buren gründeten die Republiken Oranje Freistaat (zwischen Oranje und Vaal, Hauptstadt Bloemfontein) und Transvaal (zwischen Vaal und Limpopo, Hauptstadt Pretoria). Im Zweiten Burenkrieg (1899–1902) wurden die beiden Republiken mit ihren großen Gold- und Diamantvorkommen von den Briten erobert.

❶ Pretoria/Tshwane

Die Hauptstadt Südafrikas liegt in 1367 m Höhe in der Provinz Gauteng und hat etwa 1,8 Mio., die Metropolregion um 2,3 Mio. Einwohner. Pretoria ist Regierungssitz; das Parlament tagt hier in den Wintermonaten.

SEHENSWERT

Mittelpunkt der historischen City ist der als Parkanlage gestaltete **Church Square** mit dem Denkmal für Paul Kruger und historischen Bauten vom Ende des 19. Jhs. wie der South Africa Reserve Bank, dem ehemaligen Regierungssitz Republikeinse Raadsaal und dem Justizpalast. Hier fand 1963/64 der Rivonia-Prozess statt, bei dem mehrere ANC-Mitglieder, u. a. auch Nelson Mandela, zu lebenslanger Haft verurteilt wurden. Ein bezauberndes Beispiel für viktorianische Architektur ist das 1866 errichtete, verspielte **Melrose House** (Jacob Mare Street/Burgers Parc). Ein wunderbarer Blick über die Stadt eröffnet sich von der **Meintjieskop**, einem Hügel im Nordosten des Zentrums. Hier erbaute Sir Herbert Baker 1913 die eleganten **Union Buildings**, heute Sitz der Regierung. In den 1933 entdeckten Ruinen der im Mittelalter mächtigen und reichen Stadt Mapungubwe im heutigen Grenzgebiet von Südafrika, Botswana und Zimbabwe kamen viele Goldfunde ans Tageslicht, darunter auch das berühmte winzige goldene Nashorn. Dieses und andere sensationelle Ausgrabungen zeigt das **Museum der University of Pretoria** im Süden der Stadt (University Road, Tel. 012 4 20 54 50, Di.–Fr. 10.00–16.00 Uhr, www.up.ac.za).

RESTAURANTS/UNTERKÜNFTE

Verblichenes Jugendstilambiente genießen Gäste des € € **Café Riche** am Church Square (2 Church Street). Studios und Suiten des eleganten € € € **Court Classique Suite Hotel** sind großzügig konzipiert und geschmackvoll eingerichtet (Francis Baard/Beckett Streets, Tel. 012 3 44 44 20, www.courtclassique.co.za).

UMGEBUNG

Das monumentale **Voortrekker Monument** beherrscht die südliche Peripherie Pretorias. Der Große Treck und die Kämpfe der Buren sind Thema der 27 Marmorreliefs im Inneren des 1949 eingeweihten Baus (www.vtm.org.za, Mai–Aug. 8.00–17.00, Sept.–April bis 18.00 Uhr). Rund 40 km westlich von Pretoria haben Besucher des **Mapoch Ndebele Village** die Gelegenheit, Traditionen der Ndebele kennenzulernen. Touren durch das Dorf, Kurse in Perlenstickerei, Tanzvorführungen und Kost und Logis können im Dorf organisiert werden (Tel. Anmeldung bei Chris Buda, Ndebele Village & Lodge, Tel. 076 71 40 98 55, www.ndebelevillage.co.za).

INFORMATION

www.tshwanetourism.com
www.gopretoria.co.za

❷ Johannesburg/Egoli

Die Riesenmetropole (4,5 Mio. Einw.) 50 km südlich von Pretoria ist Provinzhauptstadt von Gauteng und Südafrikas Wirtschafts- und Finanzzentrum. Ihr Zulu-Name Egoli (Platz des

Voortrekker Monument im Süden Pretorias

Tipp

Wiege der Menschheit

In den 16 zum UNESCO-Weltkulturerbe gehörenden Sterkfontein Caves, 60 km südöstlich von Pretoria, verbirgt sich die insgesamt größte Fossilienstätte aus der Frühzeit der Menschen. Hier und in der Ausstellung im Visitor's Center Maropeng, das einem Grabhügel nachempfunden ist, unternehmen Besucher eine Erkundungsreise in 4 Mio. Jahre menschliche Evolution.

Maropeng und Sterkfontein Caves
Hekpoort Road, Sterkfontein
Tel. 014 5 77 90 00, tgl. 9.00–17.00 Uhr, letzte Führung 16.00 Uhr
www.maropeng.co.za

INFOS & EMPFEHLUNGEN

Goldes) nennt die Quelle der wirtschaftlichen Bedeutung Johannesburgs – große Goldvorkommen im Bergzug Witwatersrand, die 1886 entdeckt wurden. Einheimische nennen Johannesburg meist Joburg oder Jozi. Die extreme Kluft zwischen Arm und Reich führte im Raum Johannesburg zu einem drastischen Anstieg der Kriminalität. Auch wenn sich die Lage inzwischen deutlich verbessert hat, sollten Besucher möglichst nicht alleine durch Joburgs Zentrum streifen und auch unter kundiger Führung keine Wertgegenstände mit sich führen.

SEHENSWERT
Eine der Topattraktionen in der Innenstadt ist der **Market Theatre Complex**, der mit dem daneben gelegenen **MuseuMAfrica** in Markthallen von 1913 residiert. Drei Theater, Kunstgalerien, ein Café und Läden sind darin untergebracht (Bree Street, http://markettheatre.co.za). Das Museum präsentiert mit Exponaten und Dioramen afrikanische Reiche und Hochkulturen wie Punt oder Zimbabwe (121 Bree Street, Di. bis So. 9.00–17.00 Uhr). Nicht weit entfernt erinnert die einem Diamanten nachempfundene Silhouette des 1984 von Helmut Jahn entworfenen **Diamond Building** daran, dass die Wirtschaft am Witwatersrand lange von Bodenschätzen dominiert war. Wenige Schritte weiter entführt der Laden **KwaZulu Muti Museum** in die Welt von Heilern, Schamanen und Wahrsagern (14 Diagonal Street, Mo.–Fr. 7.30–17.00, Sa. bis 13.00 Uhr). Auf der Market Street ostwärts erreicht man Ecke Risik Street einen Platz, der zwischen all den Hochhäusern geradezu rührend anmutet: Mit der **City Hall** ist noch ein Gebäude von der Wende des 19./20. Jhs. erhalten. Ein Besuch im relativ neuen **WitsArt Museum** der University of Witwatersrand gibt einen spannenden Überblick über das Kunstschaffen des Landes (Bertha-/Jorissen Street, Braamfontein, Mi.–So. 10.00–16.00 Uhr, www.wits.ac.za).

RESTAURANTS/UNTERKÜNFTE
Aromen aus allen Teilen Afrikas vereint die Speisekarte im € € **Lucky Bean** im angesagten Melville. Sogar Veganer finden hier leckere Speisen. Im angeschlossenen € € **Lucky Bean Guesthouse** profitieren die Gäste von einem Garten mit Pool, und das mitten in der Stadt (129 1st Ave., Melville, Tel. 082 9 02 45 14, http://luckybeanguesthouse.co.za).
€ **Robbie's Place** ist eine typische *shebeen*, ein winziges Restaurant mit Innenhof, Jazzmusik und traditionellen Gerichten (5634 Zone 5, Pimville, Soweto, Tel. 011 9 33 79 65). In den Kneipen von Melville an der 7th Street lässt sich noch am ungefährlichsten Nachtleben schnuppern. Modernes Design und Ausstattung machen das € € € **The Hamilton** zu einer angenehmen Unterkunft nicht weit vom Nobelvorort Sandton (28 Grosvenor Ave., Tel. 011 4479280, www.thehamilton.co.za).
€ **Lebo's** in Orlando/West, Soweto, ist ein charmantes Backpacker-Quartier im Herzen der ehemaligen Township (10823A Pooe Street, Tel. 011 9 36 34 44, www.sowetobackpackers.com).

UMGEBUNG
Die Goldgräberstadt **Gold Reef City** 6 km südlich von Joburgs Zentrum ist eine Art südafrikanisches Disneyland mit Achterbahnen, Karussells, Restaurants, Casino und Hotels (Ecke Northern Parkway/Data Crescent, Mi.–So. 9.30 bis 17.00 Uhr, in Schulferien tgl., www.goldreefcity.co.za). Das 1963 aus mehreren südwestlich von Johannesburg liegenden Townships geschaffene **Soweto** war bis 2002 eine eigene Stadt und gehört seither zur Municipality von Johannesburg. Wer Soweto besuchen möchte, sollte sich einer Tour anschließen. Interessante Punkte sind die Häuser der Nobelpreisträger Nelson Mandela und Desmond Tutu in der Vilakazi Street im Stadtteil Orlando, die Märkte in Baragwanath oder die Nachbarschaftsinitiative Kliptown Youth Program (www.kliptownyouthprogram.org.za) in Kliptown. Pflichtpunkt bei jeder Soweto-Exkursion ist das Hector-Pieterson Memorial, das an die Schülerunruhen 1976 erinnert: Die Polizei eröffnete damals das Feuer auf die Kinder und erschoss dabei u. a. den 12-jährigen Pieterson. Soweto-Touren veranstalten u. a. Soweto Guided Tours (http://sowetoguidedtours.co.za), deren Guides alle aus der Township stammen, oder Past Experiences (http://pastexperiences.co.za).

INFORMATION
www.joburgtourism.com

Tipp
Schwarz oder Weiß?

Im **Apartheid Museum TOPZIEL** werden Besucher auf anschauliche, teils drastische Art mit dem Alltag während der Apartheid konfrontiert – sie sind z. B. gezwungen, zwei unterschiedliche Eingänge zu nutzen, je nachdem, ob die Eintrittskarte sie als *white* oder *coloured* ausweist. Fotos, darunter die berühmten Schwarz-Weiß-Aufnahmen von Ernest Cole, Exponate und Filme zeigen die Brutalität der Ideologie in der Praxis.

Gold Reef Road, Di.–So. 9.00–17.00 Uhr
www.apartheidmuseum.org

Südafrikanischer Alltag: auf einem Markt in Soweto und im Star-of-the-West-Pub in Kimberley

❸ Sun City

Luxushotels, künstliche Lagunen, Vergnügungsparks, Casino, Golfplatz und ein tropischer Regenwald sind die Zutaten des gigantischen Komplexes. Sun City, 180 km nordwestlich von Johannesburg, repräsentiert ein erfolgreiches Freizeitkonzept. Die Unterkünfte in den Hotels reichen von Drei-Sterne-Etablissements bis zur Luxusklasse (zentrale Reservierung über www.suninternational.com).

❹ Kimberley

1869 sorgten Diamantenfunde für die Gründung Kimberleys (170 000 Einw.) und eine explosionsartige Bevölkerungszunahme. Die Diamantenschürfer sind längst fast alle weitergezogen, doch haben sie der Stadt ihre größte Sehenswürdigkeit, das Big Hole, hinterlassen.

SEHENSWERT
Von der City Hall im Zentrum der Stadt schlingert eine historische Straßenbahn zum **Big Hole**, an dem ein Museumsdorf mit Kirche, Kneipen und Geschäften die einstige Diamantenschürferzeit wiederaufleben lässt. Das 800 m tiefe und 470 m breite Big Hole wurde 1914 aufgelassen. Eine Auswahl der kostbaren glitzernden Steine zeigt die **Diamond Hall**, darunter den ersten in Südafrika gefundenen Diamanten „Eureka". Die nachgebaute Mine lässt Besucher angesichts der Arbeitsbedingungen der Schürfer erschauern (tgl. 8.00–17.00 Uhr,

Führungen Mo.–Fr. stündl., Sa., So. alle zwei Std., www.thebighole.co.za). In den Boomzeiten Kimberleys ließen sich die erfolgreichen Kaufleute und Minenbesitzer im Vorort Belgravia im Südosten nieder. Herrschaftliche Villen wie das **Oppenheimer House** (Lodge Road Nr. 7) sind bis heute wunderbar erhalten. Eindrucksvoll ist auch das **Dunluce House** in verspielter, viktorianischer Architektur (Lodge Road Nr. 10). In der **Duggan Cronin Photo Gallery** gibt es eine interessante Ausstellung mit Fotos zu sehen, die A. M. Duggan Cronin in der erste Häfte des 20. Jhs. von südafrikanischen Volksgruppen machte und damit Kleidung und Brauchtum dokumentierte, die heute vergessen sind (Egerton Street, Mo.–Fr. 9.00–17.00 Uhr).

INFORMATION
ww.kimberley.co.za

❺ Bloemfontein/Mangaung

Südafrikas dritte (heimliche) Kapitale ist der Ort, an dem der Oberste Gerichtshof residiert. Die rund 256 000 Einwohner zählende Gartenstadt im Hochveld ist stark von der burischen Geschichte geprägt und verdankt ihren Wohlstand reichen Goldvorkommen in der Nähe, die 1946 entdeckt wurden. Prominentester Bloemfonteiner ist J. R. R. Tolkien, Autor der Trilogie *Herr der Ringe*. Er wurde 1892 in der Stadt geboren.

SEHENSWERT
In der weitgehend modernen Stadt erinnern einige historische Bauten an die Vergangenheit, so der 1893 erbaute **Fourth Raadsaal**. Hier tagte das Parlament der damaligen Burenrepublik Oranje-Freistaat, bis 1900 die Briten einmarschierten. Vor allem zur Zeit der Rosenblüte ist der **King's Park** westlich des Zentrums mit seinen mehr als 4000 Rosenbüschen ein Genuss für Augen und Nase. Zeitgenössische Kunst aus Südafrika zeigt das **Oliewenhuis Art Museum** in einem dem kapholländischen Stil nachempfundenen Bau von 1941 im Norden der Stadt (16 Harry Smith St., Mo.–Fr. 8.00–17.00, Sa./So. 9.00–16.00 Uhr, www.nasmus.co.za). Besonders die Fotografien zeigen einen spannenden und kontroversen Blick auf das heutige Südafrika. Im Süden gedenkt das **National Women's Memorial** der 26 000 burischen Frauen und Kinder, die 1899–1902 in britischen Lagern ums Leben kamen.

RESTAURANTS/UNTERKÜNFTE
Abends findet man sich im € € **Mystic Boer** im Herzen der burischen Seele wieder, mit Rockmusik, Burgern und Steaks vom Grill (84 Keller Street, www.diemysticboer.co.za). Tolkien-Fans müssen natürlich im € € **Hobbit Boutique Hotel** absteigen, dessen Dekoration an dessen Hauptwerk anknüpft (19 President Steyn Ave, Tel. 051 4470663, www.hobbit.co.za).

INFORMATION
http://bloemfonteintourism.co.za

JOHANNESBURG, PRETORIA, KIMBERLEY
114 – 115

Genießen Erleben Erfahren

Mit dem Fahrrad in die Township

DuMont Aktiv

Nachhaltiger und direkter als mit dem Drahtesel lässt sich der Alltag in Soweto nicht erfahren. Man sollte sich jedoch einer geführten Tour anschließen, wie sie das Unternehmen Soweto Bicycle Tours anbietet.

Erste Anlaufschwierigkeiten wie die verspätete Abholung im Hotel macht unser Guide Thando mit Charme und dem Versprechen wett, uns das echte Soweto zu zeigen. Also setzen wir uns auf die gut gewarteten Räder und den Helm auf, und treten in die Pedale. Schon nach wenigen Hundert Metern sind wir fassungslos angesichts der unbeschreiblichen Armut. Hügelauf, hügelab radeln wir vorbei an uniformen Hausreihen, an Strommasten, von denen schwarz abgezweigte Kabel zu Wellblechverschlägen führen, an Wasserhähnen, an denen Kinder mit Plastikkübeln anstehen. Dann ein paar Ecken weiter gediegene Mittelstandshäuschen mit Garten und Stacheldraht, asphaltierte Straßen.

In der Vlakazi Street sehen wir, wo Nelson Mandela und Desmond Tutu wohnten. Am Hector Pietersen Memorial für den 1976 von der Polizei erschossenen Jungen kommen einigen die Tränen. Zum Schluss beim Bier in einer Shebeen berichtet Thando von seinem Alltag in Soweto. Die Tour ist belastend, aber sie erzählt mehr über Südafrika, als es je ein Reiseführer könnte.

Weitere Informationen

Soweto Bicycle Tours: (10823A Pooe Street, Orlando West, Tel. 011 9 36 34 44, *www.sowetobicycletours.com*) veranstalten 2- und 4-stündige sowie ganztägige geführte Fahrradausflüge (470, 580, 670 Rand) durch Soweto. Angeboten wird auch eine Tour durch Kliptown, bei der die Teilnehmer das Kliptown Youth Program (KYP) besuchen.

Die South Western Townships, so der vollständige Name Sowetos, können auch aktiv mit dem Fahrrad erkundet werden.

Südafrikas landschaftliche Vielfalt: am Strand von Muizenberg, Köcherbäume an den Augrabies Falls, Blyde River Canyon

Service

Keine Reise ohne Planung. Auf den folgenden Seiten haben wir für Sie Wissenswertes und wichtige Informationen für Ihren Südafrika-Urlaub zusammengestellt.

Anreise

Linienflüge mit South African Airways (www.flysaa.com) und Lufthansa (www.lufthansa.com) starten täglich ab Frankfurt/Main in Richtung Johannesburg; die SAA fliegt außerdem täglich ab München, die Swiss ab Zürich (www.swiss.com). Condor (www.condor.com) fliegt von Frankfurt/Main (mit Anschlussflügen von zahlreichen deutschen Flughäfen) zwei- bis dreimal die Woche nach Kapstadt. Air Namibia (www.airnamibia.com) startet von Frankfurt/Main sechs- bis siebenmal die Woche nach Windhoek (mit Anschluss nach Kapstadt und Johannesburg). Von Johannesburg unterhält die SAA ein dichtes Flugnetz in alle Teile des Landes. Der Flug von Deutschland nach Südafrika dauert etwa zehn Stunden.

Auskunft

South African Tourism, Friedensstr. 6–10, 60311 Frankfurt/M., Service-Tel. 0800 1 18 91 18 (kostenfrei), www.dein-suedafrika.de
Südafrikanische Botschaft, Tiergartenstr. 18, 10785 Berlin, Tel. 030 22 07 30, www.suedafrika.org

Autofahren

Das Straßennetz ist sehr gut ausgebaut; neben den zweispurigen Nationalstraßen gibt es auch immer mehr mautpflichtige Autobahnen, an denen bar oder mit Kreditkarte bezahlt wird. In Südafrika herrscht **Linksverkehr** und **Anschnallpflicht** für alle Insassen; die **Promillegrenze** liegt bei 0,5 ‰. Die **Höchstgeschwindigkeit** auf Autobahnen beträgt 120 km/h, auf Landstraßen 100 km/h, innerorts 60 km/h. Es empfiehlt sich, defensiv und möglichst nicht nach Einbruch der Dunkelheit zu fahren. Vor allem in ländlichen Regionen ist auf langsame Fahrzeuge, Fußgänger und kreuzendes Wild zu achten. Besucher benötigen einen **internationalen Führerschein.** Die **Pannenhilfe** ist unter der kostenlosen Notrufnummer 0800 01 01 01 erreichbar. Mitglieder eines deutschen Automobilclubs bekommen bei der **Automobile Association of South Africa** kostenlose Unterstützung (www.aa.co.za).

Bahn und Bus

Es gibt zwar ein gut ausgebautes Schienennetz, doch die Bahnverbindungen sind sehr langsam. **Luxuszüge** für Touristen verkehren zwischen Kapstadt und Pretoria (Blue Train, www.bluetrain.co.za) oder von Kapstadt über Pretoria und den Krügerpark zu den Viktoriafällen (Rovos, www.rovos.com). Preiswerter ist der Shongololo Express, der allerdings nur im Rahmen einer 12- bzw. 16-tägigen Rundreise gebucht werden kann (www.shongololo.de).
Zu den wichtigsten **Busunternehmen** zählen Translux (www.translux.co.za), Greyhound (www.greyhound.co.za) und Intercape (www.intercape.co.za). Die Busse sind komfortabel und schnell; Tickets können online gebucht werden. Kapstadt, Durban, Port Elizabeth und Johannesburg sind Ziele des Baz Bus (www.bazbus.com), der Backpacker anspricht und in den Städten vor allem die Hostels anfährt. Von Fahrten mit den allgegenwärtigen Minibussen ist aus Sicherheitsgründen abzuraten. Wer Südafrika mit öffentlichen Verkehrsmitteln bereisen möchte, sollte sich dessen bewusst sein, dass es ohne eigenes Fahrzeug relativ kompliziert ist, die Nationalparks zu besuchen.

Camping

Südafrikanische Campingplätze, vor allem die Camps in den Nationalparks, sind meist sehr großzügig konzipiert und mit Annehmlichkeiten wie eigener Grillstelle, Wasser- und Stromanschluss für Wohnmobile ausgestattet. Es empfiehlt sich, den Stellplatz zeitig zu reservieren.

Essen und Trinken

Speisen: In der südafrikanischen Küche trifft sich die ganze Welt: Europäische Einflüsse aus Holland und England, asiatische aus Indien, Malaysia und Mauritius sowie afrikanische Traditionen prägen die Gerichte. Es wird sehr viel Fleisch, gerne auch Wild gegessen und mit großer Begeisterung gegrillt. Mindestens einen *braai* – einen Grillabend – sollten Südafrikabesucher erlebt haben. In der Region um Kapstadt ist die malaiische Küche mit Sosatie (Fleischspieß) und Bobotie (Hackfleischauflauf) prominent vertreten, um Durban überwiegt mit Currys das indische Element, entlang der Nordwestküste dominieren Fischgerichte. Spezialität ist hier die Makrelenart Snoek, die geräuchert oder getrocknet verarbeitet wird. Auf Speisekarten von Afrika-Restaurants stehen oft frittierte Mopane-Würmer, eine Delikatesse. Den Buren verdankt das Land so gehaltvolle Köstlichkeiten wie Boerewors, eine würzige Wurst aus Schweine- oder Lammfleisch. Als Reiseproviant zu empfehlen ist Biltong, in

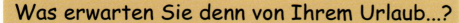

Reisen, die prägen.

Afrika individuell entdecken

– übernachten in Buschlodges, Camps und Gästehäusern
– reisen nach individuell erstelltem Plan
– beraten durch reiseerfahrene Mitarbeiter
– anfragen unter 02268 9098260.

www.umfulana.de
info@umfulana.de

SERVICE

Streifen geschnittenes und getrocknetes Fleisch vom Rind oder von Wildtieren.
Getränke: Verkauft werden Softdrinks einheimischer (z. B. Appletiser) wie internationaler Produzenten und Mineralwasser aus südafrikanischen Quellen (z.B. Ceres, Valpré). Groß ist das Angebot an Obstsäften aus exotischen Früchten wie Mango oder Guave. Südafrikanisches Bier ist süffig und hat einen etwas geringeren Alkoholgehalt als deutsches. Die Weine sind für ihre hohe Qualität berühmt. Ein Gläschen Marulalikör aus der bei Elefanten so beliebten Frucht des Marulabaums beschließt den Abend.

Feiertage und Feste

Offizielle Feiertage: 1. Januar (Neujahr, New Year's Day); 21. März, Tag der Menschenrechte (Human Right's Day); März/April, Karfreitag, Ostermontag (Family Day), 27. April, Freiheitstag (Freedom Day); 1. Mai, Tag der Arbeit (Worker's Day); 16. Juni, Tag der Jugend (Youth Day); 9. August, Nationaler Frauentag (National Women's Day); 24. September, Tag des Erbes (Heritage Day); 16. Dezember, Tag der Versöhnung (Day of Reconciliation); 25. Dezember, Weihnachten; 26. Dezember Tag des guten Willens (Day of Goodwill).
Feste und Veranstaltungen: Januar, Cape Minstrel Carnival in Kapstadt am 1./2. Januar und den beiden darauf folgenden Samstagen;

März, Cape Town Festival und Cape Town Jazz Festival in Kapstadt; März/April, National Arts Festival, Oudtshoorn, Kleine Karoo; April, Splashy Fen Music Festival, Underberg; Juni/Juli, National Arts Festival, Grahamstown; September, Whale Festival, Hermanus; Oktober, Bloemfontein Rose Festival, Bloemfontein; Jacaranda Festival, Pretoria.

Geld

Südafrikanische Währung ist der Rand, unterteilt in 100 Cent. Es sind Banknoten im Wert von 200, 100, 50, 20 und 10 Rand im Umlauf, Münzen im Wert von 5, 2 und 1 Rand sowie 50, 20, 10, und 5 Cent. Reisende können mit der Kredit- oder der Maestrokarte Bargeld an einem der vielen Geldautomaten abheben (Gebühren beachten). In den meisten Geschäften, Unterkünften, Restaurants und an vielen Tankstellen werden Kreditkarten akzeptiert. Euro und Schweizer Franken kann man auch in Wechselstuben oder in den Hotels tauschen.

Gesundheit

Ärztliche Versorgung: In den Städten entspricht die Versorgung europäischen Standards; auf dem Land kann es durchaus schwierig sein, einen Arzt zu finden. Da die Behand-

lung bezahlt werden muss, empfiehlt sich der Abschluss einer Reisekrankenversicherung.
Prophylaxe: Neben den üblichen Impfungen (Hepatitis A, TBC) besteht je nach Reiseziel und Jahreszeit die Notwendigkeit einer Malaria-Prophylaxe. Risikogebiete sind der Osten und Nordosten des Landes, also auch der Krüger-Nationalpark. Zuverlässige Auskünfte erteilen Tropenärzte oder -Institute. Zum Schutz vor Mückenstichen empfiehlt es sich, in der Dämmerung langärmelige Hemden und Hosen zu tragen und sich mit einem mückenabweisenden Mittel einzureiben. Bei sexuellen Kontakten sollte man sich unbedingt schützen, 19 % der Südafrikaner, darunter besonders viele Frauen, sind offiziellen Statistiken zufolge HIV-positiv.
Apotheken: In Südafrika fungieren Apotheken (Pharmacy, Apteek) meist zugleich auch als Drogerien und haben zu den üblichen Geschäftszeiten geöffnet.

Hotels/Lodges

Preiskategorien

. . . .

€ € €	Doppelzimmer	ab 120	€
€ €	Doppelzimmer	50 – 120	€
€	Doppelzimmer	bis 50	€

Info

Geschichte

. . . .

75–30 000 v. Chr.: Steinzeitliche Werkzeuge und Felsbilder sind älteste Spuren der als Jäger und Sammler lebenden San.
ab ca. 1000 n. Chr.: Zuwanderung von bantusprachigen Viehzüchtern.
1488: Bartolomeu Diaz umsegelt das Kap der Guten Hoffnung.
1652: Jan van Riebeeck gründet am Kap eine Versorgungsstation für die Holländisch-Ostindische Kompanie, das spätere Kapstadt.
17./18. Jh.: Zuwanderung niederländischer, deutscher und französischer Siedler.
18./19. Jh.: Die Buren („freie Bürger") tragen bewaffnete Konflikte mit den Einheimischen aus.
1795: Der ersten, sieben Jahre dauernden Besetzung durch England folgt 1806 die endgültige Eroberung der Kapkolonie. 1835 brechen burische Voortrekker zum Großen Treck auf.
1816: Zulu-König Shaka unterwirft benachbarte Völker und schmiedet aus ihnen die Zulu-Nation, die er mit harter Hand führt.
16. Dez. 1838: Bei der Schlacht am Blood River schlagen burische Siedler die Zulu. Gründung von Oranje Freistaat und Transvaal.
1867: Diamantenrausch von Kimberley.
1886: Goldfunde am Witwatersrand.
1899–1902: Die Burenkriege enden mit dem Frieden von Vereeniging; die Burenrepubliken werden britische Kolonien.

1910–1912: Gründung der Südafrikanischen Union, die 1911 die Rassengesetze verabschiedet, 1912 bildet sich der ANC (African National Congress).
1950er-Jahre: Umsiedlung von Schwarzen und Farbigen in getrennte Wohngebiete.
21. März 1960: Massaker von Sharpeville/Transvaal; die Polizei erschießt 69 Demonstranten, die gegen die Passgesetze protestieren.
1964: Verurteilung des ANC-Politikers Nelson Mandela zu lebenslanger Haft wegen Hochverrats.
16. Juni 1976: Bei Schülerprotesten in Soweto erschießt die Polizei zwei Kinder.
1984: Bischof Desmond Tutu erhält den Friedensnobelpreis.
1980er-Jahre: Internationaler Druck zwingt das Regime zu Konzessionen. 1989 tritt Präsident Pieter Botha zurück. Sein Nachfolger wird Frederik de Klerk.
1990: De Klerk lässt Mandela frei und hebt das Verbot des ANC auf.
1993: Verleihung des Friedensnobelpreises an Mandela und de Klerk.
1994: Die ersten freien Wahlen gewinnt der ANC. Mandela wird Präsident.
1998: Einsetzung einer Wahrheitskommission zur Aufarbeitung von Menschenrechtsverletzungen während der Apartheid.

1999: Thabo Mbeki folgt Nelson Mandela als Präsident nach.
2007: Die Bürgermeisterin von Kapstadt, Helen Zille, etabliert die Demokratische Allianz als Opposition zum übermächtigen ANC.
2008–2009: Thabo Mbeki tritt zurück. Sein umstrittener Nachfolger Jacob Zuma gewinnt die Parlamentswahlen 2009.
2010: Südafrika richtet die Fußballweltmeisterschaft aus.
2013: Nelson Mandela stirbt am 5. Dezember und wird unter weltweiter Anteilnahme am 15. Dezember beigesetzt.
2014: Der ANC unter dem von schweren Korruptionsvorwürfen gebeutelten Jacob Zuma erhält bei den Parlamentswahlen zwar wieder die absolute Mehrheit, doch die Opposition, darunter besonders die Democratic Alliance unter der deutschstämmigen Politikerin Helen Zille (mit einem Drittel Stimmzuwachs auf 22 % gekommen), ist stärker geworden.
2017: Vettern- und Misswirtschaft führen zu einer fatal verschlechterten Wirtschaftslage, die immer mehr Demonstranten auf die Straße treibt. Nachdem die Ratingagenturen Südafrika auf Ramsch-Niveau herabgestuft haben (u. a. da Zuma den renommierten Finanzminister entlassen hat), kommt es zu Massenprotesten und der Forderung, dass Zuma zurücktritt.

SERVICE · REISEMARKT
118 – 119

Ob frisches Seafood in Hermanus, Übernachtung im Zulu-Ambiente im Shakaland oder Nachtleben in Kapstadts Long Street – Südafrikas touristische Infrastruktur lässt kaum Wünsche offen.

Einen Überblick über das Unterkunftsangebot geben u. a. die Website von SA Tourism sowie www.sa-venues.co.za. In den Städten reicht das Angebot vom einfachen Backpackerhostel bis zum luxuriösen Geschäftshotel. Auf dem Land und in der Umgebung der Nationalparks kommen Reisende in meist wunderschön gelegenen Lodges und Gästefarmen mit sehr persönlicher Betreuung unter. Eine gute Auswahl ist auf www.portfoliocollection.com zu finden. In den Naturschutzgebieten stehen staatliche Camps zur Verfügung, in denen vom Zeltplatz bis zum Privatbungalow die verschiedensten Unterkunftsmöglichkeiten bestehen. Es ist auf jeden Fall sinnvoll, die Reise so gut wie möglich zu planen und die Unterkünfte bereits im Voraus zu buchen. Die meisten Verbieter bieten auf der eigenen Website eine Online-Buchung an. Beim Vergleichen der Preise sollte man sich genau über das Angebot informieren. Bei vielen auf den ersten Blick sehr teuer erscheinenden Lodges deckt der Zimmerpreis Pirschfahrten zur Wildbeobachtung und Vollpension ab. Wer in nachhaltig wirtschaftenden Betrieben übernachten möchte, findet die mit dem Fairtrade-Zertifikat prämierten Unterkünfte auf www.fairtrade.travel. Ausgewählte Unterkünfte werden auch auf den Infoseiten der jeweiligen Kapitel vorgestellt.

Jugendherbergen

Die Zahl privat betriebener Hostels nimmt vor allem in den Städten und in beliebten Feriengebieten ständig zu; einen Überblick bieten Backpack South Africa (www.btsa.co.sa) oder Hostel World (www.hostelworld.za).

Kinder

Für kleinere Kinder ist Südafrika nur bedingt geeignet. Die langen Fahrtstrecken stellen ihre Geduld heftig auf die Probe. Auch Wildbeobachtung über Stunden hinweg ist nicht unbedingt eine kinderfreundliche Freizeitgestaltung, viele Strände mit starkem Wellengang und Strömung sind gefährlich. Für ältere Kinder steht in Südafrika das Erlebnis Tierwelt im Vordergrund. Dabei gilt es zu beachten, dass viele in Wildschutzgebieten gelegene Lodges Kinder erst ab 12 Jahren aufnehmen.

Literaturempfehlungen

Politik und Zeitgeschichte: Nelson Mandelas „Der lange Weg zur Freiheit" (Frankfurt 1997) ist die lesenswerte Autobiografie des wohl am meisten verehrten Politikers des Landes, in dessen Leben sich die politische Entwicklung Südafrikas spiegelt. Albrecht Hagemann fasst in „Kleine Geschichte Südafrikas" das historische Geschehen am Kap übersichtlich zusammen (München 2007). Das Thema HIV/Aids in Südafrika untersucht Johnny Steinberg in „Three Letter Plague"; mit eindrucksvollen Beispielen belegt er, wie sehr die traditionellen Rollenmuster von Mann und Frau in der afrikanischen Gesellschaft die Ausbreitung der Seuche befördern (London 2008).
Belletristik: „Südafrika fürs Handgepäck" vereint Texte südafrikanischer Autoren wie Nadine Gordimer oder Zakes Mda zu einer anregenden Urlaubslektüre (Zürich 2012). Südafrikas Nobelpreisträgerin Nadine Gordimer rechnet in „Keine Zeit wie diese" (München 2012) mit der Nach-Apartheid-Ära ab. Deon Meyer löst in seinen spannenden Romanen nicht nur Kriminalfälle, sondern spiegelt die Realitäten und Probleme des Landes. Auch Mike Nicol wählt das Genre des Kriminalromans für seine Auseinandersetzung mit der südafrikanischen Gesellschaft. Bekanntester Roman eines schwarzen Südafrikaners (in deutscher Übersetzung) ist „Der Walrufer" von Zakes Mda (Zürich 2009).
Reisebücher: Ein umfassender Allround-Reiseführer ist der „Baedeker Südafrika". Nützliche Dienste erweisen auch die beiden Reiseführer von Iwanowski: *Südafrika* (23. Aufl. 2018) und *101 Südafrika – Die schönsten Reiseziele und Lodges* (2. Aufl. 2015).

Mietwagen

Alle internationalen Unternehmungen wie Sixt oder Avis unterhalten Vertretungen in Südafrika; hinzu kommen zahllose lokale Firmen. Da die Verträge mit international operierenden Unternehmen nach deutschem Recht abgefasst sind, ist das Prozedere im Schadensfall dort transparenter. Lokale Firmen bieten allerdings häufig günstigere Preise an. Wer gut ausgerüstete und gewartete Geländewagen sucht, die auch Off-Road-Touren sicher bewältigen, ist bei Kwenda Safari richtig. Das Unternehmen verfügt auch über eine Vertretung in Deutschland, die bei der Reiseplanung und bei Problemen hilfreich ist (Tel. 0049 08856 9 36 77 20, www.kwendasafari.com). Auf der empfehlenswerten Website www.billiger-mietwagen.de erhält man eine übersichtliche Liste fast aller Mietwagenangebote im ganzen Land mit einem Vergleich und einer genauen Beschreibung der jeweils darin enthaltenen Einzelleistungen (wie Haftungsausschluss, freie Kilometer, Zusatzkosten etc.).

Reisedaten

Flug ab Deutschland: Frankfurt/Main–Johannesburg ab 800 € hin und zurück
Inlandsverkehr: Busfahrt Kapstadt–Johannesburg ca. 50 €
Reisepapiere: Reisepass
Devisen: 1 € = ca. 14 R, 1 CHF = ca. 13 R
Mietwagen: Mittelklasse ab 35 €/Tag
Benzin: 1 Liter Super ca. 1 €
Hotel: DZ/Frühstück, Luxuskategorie ab 120 €, Mittelklasse ab 60 €
Gästehaus: In der Hochsaison ab 40 €/Tag
Menü à la carte: 3 Gänge mit Wein pro Person ab 30 €, Luxus ab 50 €
Einfaches Essen: Hauptgericht ab 8 €
Ortszeit: im Winter MEZ + 1 Std., im Sommer wie MEZ

Anzeigen

Abendsonne Afrika

Ihre Safarispezialisten!

Botswana - Namibia - Südafrika - Tansania
Sambia - Simbabwe - Malawi - Uganda
Ruanda - Kenia - Republik Kongo
Madagaskar - La Réunion - Oman
Mosambik - Mauritius - Seychellen

Entdecke Südafrika!

„Selbstfahrer-Special"
16 Tage Flug, Mietwagen, Unterkünfte
- Kapstadt, Gartenroute, Safari -

Individualreise ab 1.679,-€ pro Person
(auch als Gruppenreise buchbar!)

**Über 90 Reisen ins
südliche & östliche Afrika**
Gruppen-/Individualreisen/Familiensafaris/
Kinderprogramme/exklusive Flugsafaris/
Mobile Safaris/Campingreisen/Mietwagen/
Unterkünfte/Traumstrände

Fordern Sie unseren Katalog an!
Wir beraten Sie gerne!

Abendsonne Afrika GmbH
Zur Unteren Mühle 1, D-89290 Buch
Tel. +49 (0) 7343.92998-0, Fax -29
Email: info@abendsonneafrika.de
www.abendsonneafrika.de

ENTDECKE *Dein* AFRIKA

www.klipspringer-tours.de

Klipspringer-Tours GmbH
Schorndorfer Str. 42
71638 Ludwigsburg
📞 07141 1338080
✉ info@klipspringer-tours.de

www.klipspringer-tours.de

SÜDLICHES AFRIKA

... INDIVIDUELL FÜR SIE ERARBEITETE
REISEN – GEPLANT MIT EINEM
PARTNER, DER VIELE JAHRE IM
SÜDLICHEN AFRIKA GELEBT HAT.

Impala Tours GmbH
Postfach 1120
65741 Eschborn/Ts.
Tel. 06196 - 4 15 86
Fax 06196 - 48 24 60
www.impala-tours.de

reisen@impala-tours.de

IWANOWSKI'S REISEN

IWANOWSKI'S AFRIKA-KATALOG

JETZT GRATIS ANFORDERN
www.afrika.de

SÜDAFRIKA – STARTE JETZT DEINE SAFARI!

Ob Wildlife-, Natur- oder City-Safari –
wir sind seit mehr als 25 Jahren
Spezialveranstalter für Individualreisen
ins südliche und östliche Afrika.
Lassen Sie sich von unserem umfangreichen Reiseangebot auf unserer
Website inspirieren!

Jacana Tours GmbH
Willibaldstr. 27
D-80689 München
Telefon 089 5808041
Telefax 089 5808504
e-mail: info@jacana.de

www.jacana.de

SERVICE

Wetterdaten

Info

Kapstadt

	TAGES-TEMP. MAX.	TAGES-TEMP. MIN.	WASSER-TEMP.	TAGE MIT NIEDER-SCHLAG	SONNEN-STUNDEN PRO TAG
Januar	26°	16°	19°	4	11
Februar	26°	16°	19°	3	10
März	25°	15°	18°	5	9
April	23°	12°	17°	8	8
Mai	20°	10°	16°	11	6
Juni	19°	9°	15°	12	6
Juli	18°	7°	15°	13	6
August	18°	8°	15°	13	7
September	19°	10°	15°	9	8
Oktober	21°	12°	16°	7	9
November	23°	13°	18°	5	10
Dezember	25°	15°	19°	5	11

Notruf

Polizei: Tel. 1 01 11, Mobiltel. 1 12
Krankenwagen: Tel. 1 07 77, Mobiltel. 1 12
Notruf Johannesburg: Charlotte Maxeke Academic Hospital, Tel. 011 4 88 49 11
Notruf Kapstadt: Groote Schuur Hospital, Tel. 0214 04 91 11

Öffnungszeiten

Banken: Mo.–Fr. 9.00–15.30, Sa. 8.30–11.00 Uhr, häufig mit einer Stunde Mittagspause.
Behörden: Mo.–Fr. 8.00–15.30 Uhr.
Geschäfte: Die meisten Geschäfte in den Städten sind Mo.–Fr. 9.00–17.00 geöffnet, Sa. bis 13.00 Uhr. Einkaufszentren tgl. 9.00 bis 21.00 Uhr.
Tankstellen: Entlang der wichtigen Überlandverbindungen 24 Stunden geöffnet, sonst eingeschränkt.

Post

Postämter sind normalerweise Mo.–Fr. 8.00 bis 16.30, Sa. 8.00–12.00 Uhr geöffnet, in kleineren Orten schließen sie für eine Mittagspause. Da es Briefmarken ausschließlich bei Postämtern zu kaufen gibt, empfiehlt es sich, auf Vorrat einzukaufen. Das Porto für eine Postkarte beträgt 6,65 R.

Reisezeit

Südafrika ist geprägt vom Klima der Südhalbkugel; der Südwinter fällt auf unsere Sommermonate, während rund um Weihnachten die Höchsttemperaturen des Südsommers herrschen. Die höchsten Regenfälle verzeichnet das Land in den Sommermonaten zwischen Oktober und März; die Niederschläge wie auch die Durchschnittstemperaturen nehmen von Nord nach Süd ab. Auch zwischen Ost- und Westküste gibt es große Unterschiede: Während der Osten nahezu tropisches Klima aufweist, ist die Nordwestküste von geringen Niederschlägen und aridem Klima gezeichnet. Ideale Reisezeit für die Wildbeobachtung ist der niederschlagsarme Winter. Wenn die Tiere kein Wasser finden, kommen sie zu den künstlich angelegten Dämmen; außerdem ist in der kühlen Trockenzeit auch die Gefahr einer Malaria-Infektion geringer.

Restaurants

In Südafrika finden sich Restaurants für jeden Geldbeutel und Geschmack – vom einfachen Take Away bis hin zu kulinarischen Edeladressen. Allen gemeinsam ist, dass man es lieber leger und nicht so steif mag. Die meisten Restaurants sind mittags von 11.30 bis 14.30 und abends ab 18.00 Uhr geöffnet. Das Personal erwartet als Trinkgeld 10–15 % des Rechnungsbetrags; manchmal gibt es auch eine Tip-Box, in der die Trinkgelder für alle gesammelt und dann aufgeteilt werden.

Ausgewählte Restaurants werden auf den Infoseiten der jeweiligen Kapitel vorgestellt. Dabei gelten folgende Preiskategorien:

Preiskategorien

€ € €	Hauptspeisen	ab 20	€
€ €	Hauptspeisen	ab 12	€
€	Hauptspeisen	ab 7,50	€

Sicherheit

Es gibt Berichte von Reisenden, die in Kapstadt am hellen Tage trotz aller Vorsichtsmaßnahmen beraubt wurden, andere fühlten sich selbst in Johannesburg nicht bedroht. Ohne Frage ist die Kriminalität in Südafrika weiterhin hoch, wenngleich sich Strafdelikte meist in Gebieten ereignen, in die sich Touristen nur selten verirren.

Generell ist Vorsicht geboten. Im Hotel, in der Touristeninformation etc. sollte man sich über

Daten & Fakten

Info

Geografische Lage: Die Republik Südafrika liegt an der Südspitze des afrikanischen Kontinents und reicht im Osten an den Indischen Ozean, im Westen an den Atlantik. Nachbarstaaten im Norden sind von West nach Ost Namibia, Botswana, Simbabwe und Mosambik. Das Königreich Lesotho ist als Enklave vollständig, das Königreich Swasiland fast vollständig von südafrikanischem Staatsgebiet umschlossen. Das Land ist mit 1,219 Mio. km² mehr als dreimal so groß wie Deutschland und in neun Provinzen unterteilt. Hauptstadt ist Pretoria.
Naturraum: Die beiden prägenden Landschaftsformen sind das zentrale Hochland und die angrenzenden Küstenebenen. Während weite Teile des Hochlands und die Westküste von großer Trockenheit in den Halbwüsten der Großen und Kleinen Karoo und des Namaqualands gekennzeichnet sind, speist im Osten feuchttropisches Klima eine üppige Vegetation. Höchster Berg ist der Mafadi (3446 m) in den Drakensbergen.
Bevölkerung: Südafrika hat 54 Mio. Einwohner und damit eine durchschnittliche Bevölkerungsdichte von 42 Menschen/km². Tatsächlich ist die Dichte in Provinzen wie Gauteng wesentlich höher, während sie in der Provinz Northern Cape zum einstelligen Bereich tendiert. 80 % der Bevölkerung sind Schwarzafrikaner, jeweils 9 % beträgt der Anteil von Farbigen und Weißen, 2,5 % sind Inder bzw. Asiaten. Zu den größten Sprachgruppen zählen isiZulu (22,7 %), isiXhosa (16 %) und Afrikaans (13,5 %). Englisch, Sepedi, Sestwana und Sesotho sprechen jeweils 8–9 % als Muttersprache. Die meisten Idiome gehören der Sprachgruppe des Bantu an; nur Nama und San werden den Khoisan-Sprachen zugeordnet. Die große Mehrheit der Bevölkerung (80 %) ist christlichen Glaubens, wobei Freikirchen eine wichtige Rolle spielen: Die Gemeinde ist in über 4000 unabhängige Kirchen zersplittert. Nur 1,5 % der Südafrikaner sind Muslime. Traditionelle afrikanische Glaubensvorstellungen werden teils in die christliche Lehre integriert, teils auch unabhängig davon gelebt.
Wirtschaft: Südafrikas Wirtschaft steht dank des Reichtums des Landes an Bodenschätzen auf einem relativ stabilen Fundament und konnte in den letzten Jahren ein konstantes Wachstum des BIP um 2 % verzeichnen. Die Industrie hat dabei einen Anteil von 28,5 %, der Dienstleistungssektor von 69 %, während die Landwirtschaft mit 2,4 % kaum eine Rolle spielt. Mit einer geschätzten Arbeitslosenrate von 25 %, die jedoch in der jungen Bevölkerung noch höher ist, steht das Land vor einer großen sozialen Herausforderung.

Boomerang Reisen ist seit seiner Gründung im Jahre 1994 als innovativer Spezialreiseveranstalter für Australien, Neuseeland, Südsee, Afrika und Amerika bekannt. Das Filialnetz umfasst zahlreiche Niederlassungen in Deutschland, der Schweiz und Österreich. Individuelle, maßgeschneiderte Kundenangebote für Fernreisen sowie eine intensive Kundenbetreuung durch ein professionelles Team zeichnen das Unternehmen aus.

In den jährlich erscheinenden Katalogen bieten wir eine vielfältige Angebotspalette mit zahlreichen Nischenprodukten an, die das Reisen erst zu einem richtigen Erlebnis werden lassen. Haben Sie spezielle Reisewünsche? Fragen Sie uns, unsere kompetenten Mitarbeiter mit vielen Insiderkenntnissen stehen zu Ihrer Verfügung und informieren Sie gerne über die Besonderheiten unserer Destinationen.

BESTELLEN SIE UNSERE KATALOGE!

Boomerang Reisen GmbH | Biewerer Str. 15 | 54293 Trier

WWW.BOOMERANG-REISEN.DE

BOOMERANG REISEN Spezialist für Fernreisen

© South African Tourism

SERVICE

die konkrete Situation informieren. Im Hotel alle Dokumente und Wertsachen im Safe verwahren. Nach Einbruch der Dunkelheit sollte man nicht mehr zu Fuß gehen, für abendliche Veranstaltungen besser ein Taxi benützen. Bei Besuchen in Townships ist erhöhte Vorsicht angebracht: Es ist unbedingt anzuraten, sich einer ortskundigen Führung anzuvertrauen.

Souvenirs

Von den farbenfrohen Perlarbeiten der Zulu und Ndebele über kunstvoll aus Holz geschnitzte Wildtiere, Schemel, Masken bis hin zu bemalten Straußeneiern und dem Perlenschmuck der San ist das Angebot ebenso vielfältig wie die gesamte Regenbogennation. Vorsicht ist allerdings bei Souvenirs aus Elfenbein und bestimmten Leder- oder Fellarten geboten – sie dürfen in Südafrika legal verkauft, aber wegen der Artenschutzbestimmungen nicht nach Deutschland eingeführt werden. Leder- oder Felltaschen kauft man deshalb besser in einem Geschäft, das die Unbedenklichkeit des Angebots zertifizieren kann; bei Elfenbein gibt es generell keinerlei Ausnahmen! Gold und Diamanten sind in Südafrika nicht günstiger zu haben als überall sonst auf der Welt. Allerdings ist das afrikanisch inspirierte Design mancher Schmuckstücke sehr reizvoll.

Sport

Südafrikas Nationalsport ist Rugby, gefolgt von Cricket. Auch Fußball (Soccer) ist beliebt, doch bei Weitem nicht so wie in Europa. Feriengäste bietet sich ein breites Spektrum an Sportmöglichkeiten, angefangen bei Golf (mehr als 500 Plätze) über Wandern, verschiedene Wassersportarten wie Surfen oder Tauchen bis hin zu Extremsportarten wie Abseiling, Bungee Jumping oder Fallschirmspringen. Wer ein paar faule Tage am Strand verbringen möchte, ist an der Ostküste am Indischen Ozean gut aufgehoben.

Sprache

Verkehrssprachen Südafrikas sind Englisch und Afrikaans, daneben zählen weitere neun Sprachen der schwarzen Bevölkerungsmehrheit zu den offiziellen Landessprachen. In Hotels und touristischen Regionen wird gelegentlich auch Deutsch verstanden.

Telefon

Wer von einer Telefonzelle aus anrufen möchte, benötigt eine Telefonkarte (grüne Telefonzelle) bzw. Münzen (blaue). Die Telefonkarten sind in vielen Läden, an Tankstellen und bei den Postämtern erhältlich. Telefonieren mit dem Mobiltelefon kann aufgrund hoher Roaming-Gebühren sehr kostspielig werden; es kann daher günstiger kommen, mit einer südafrikanischen Prepaid-Karte zu telefonieren. Innerhalb des Landes muss stets die mit 0 beginnende dreistellige Vorwahl der Rufnummer mitgewählt werden; bei Anrufen aus dem Ausland entfällt die Null. Südafrikas Vorwahl lautet +27.

Zollbestimmungen

Zollfrei dürfen 1 l Spirituosen, 2 l Wein, 50 ml Parfum, 250 ml Eau de Toilette und 400 Zigaretten (oder 20 Zigarren oder 250 g Tabak) sowie Geschenke im Wert von 3000 R eingeführt werden. Bei der Rückreise in ein EU-Land gelten folgende Freimengen: 1 l Spirituosen, 4 l Wein, 50 ml Parfum, 250 ml Eau de Toilette und 200 Zigaretten (oder 20 Zigarren oder 250 g Tabak) sowie Geschenke im Wert von max. 430 €. Vorsicht gilt bei der Aus- bzw. Einfuhr von Pflanzen und Tierprodukten – eine Genehmigung muss dokumentieren, dass es sich nicht um Erzeugnisse aus gefährdeten Arten handelt. Elfenbein, das in Südafrika legal erworben werden kann, darf nicht nach Deutschland, Österreich oder in die Schweiz eingeführt werden.

Anzeige

„Sehr eindrucksvoll, wie nah man auf TARUK-Safari den Tieren kommen kann."
TARUK-Gast Manfred D.

Seit 28 Jahren steht der Name TARUK für außergewöhnliche Fernreisen.

Seine Wurzeln hat das Familienunternehmen mit Sitz in Caputh bei Potsdam im südlichen Afrika. Nur folgerichtig, dass die gesamte Region und besonders Südafrika einen ganz besonderen Platz bei TARUK einnimmt: So sind den Reisen in die faszinierende Landschaft zwischen Kap und Kruger Nationalpark immer das erste Kapitel im Katalog vorbehalten.

TARUK
GROSSE REISE. KLEINE GRUPPE.

Das Unternehmen ist einer der Pioniere in Deutschland für das Konzept von Reisen in kleinen Gruppen: Die Größe von maximal 12 Personen erlaubt nicht nur einen intensiven Austausch jedes Einzelnen mit dem deutschsprachigen Reiseleiter, auch der Zugang zu den Menschen und ihrer Kultur ist einfacher. Eine individuelle Tagesgestaltung im Rahmen des Programms ist ein weiterer Vorzug dieses Konzepts, genauso wie die Möglichkeit, in handverlesenen, familiär geführten Unterkünften an besonderen Orten übernachten zu können.

Um den eigenen Qualitätsanspruch einzulösen, setzt das Team um Melanie und Johannes Haape auf gezieltes Wachstum: So werden neue Reiserouten nur dann aufgenommen, wenn persönliches Fachwissen rund um Land und Leute vorhanden ist. Auf diese Weise können sich Reiseinteressierte sicher sein, stets aus erster Hand beraten zu werden.

Einzigartig in Deutschland ist die umfangreiche Reisemomente-DVD zum Katalog: Rund 40 Filme vermitteln einen authentischen Eindruck der persönlich konzipierten Routen – ob nach Amerika, Asien, Australien … oder natürlich Afrika.

TARUK International GmbH
Straße der Einheit 54, 14548 Caputh
www.taruk.com
Telefon 033209-21740, info@taruk.com

Register

Fette Ziffern verweisen auf Abbildungen

A
Addo Elephant National Park **12–13**, 57, **58**, 68, 111
Augrabies Falls National Park **44**, 52, **53**, 53, **116**

B
Balule Game Reserve 97
Basotho Cultural Village **77**
Bloemfontein 115
Blyde River Canyon **7**, **14–15**, **94**, 95, 101, **116**
Bo-Kaap (Kapstadt) **24**, 27, 29, 36, 81
Boulders Beach **31**
Buffalo City 85

C
Camdeboo National Park **61**
Camps Bay **8–9**, **28–29**, 29
Cango Caves 69
Cape Agulhas 68
Cape Winelands 67
Cederberg Wilderness Area **42**, **43**, 45, 52
Chapman's Peak Drive 37
Cheetah Outreach (Lodge) 97
Coffee Bay **72**

D
Drakensberge 71, **76**, **77**, 81, 83, 85
Durban **70–71**, 73, 75, **78–79**, 79, 84
Dwarsrivier (Weingut) **42**

E
East London **72**, 77, 84, 85

F
Franshoek (Weingut) 62

G
Gansbaai 69
Garden Route **54–61**, 54–61, 68
Garden Route National Park **54–55**, **58**, 68
George 59
Giant's Castle Nature Reserve 84
Gold Reef City 114
Graaff-Reinet **60**, **61**, 69
Grahamstown 85
Groot Constantia (Weingut) **29**, 37, **62**
Große Karoo 69

H
Hermanus 59, 67
Hluhluwe-Imfolozi National Park **83**, 83, 110, **111**

I
iSimangaliso Wetland Park **74**, 77, **83**, 83, **110**, 110

J
Jabulani (Camp) 97
Johannesburg **16–17**, **80**, 80, **102–103**, **104–105**, 105, 107, 113

K
Kalahari **38–39**, 45, **46**, 51, 52
Kap der Guten Hoffnung **30**, 31, 37
Kap-Halbinsel **28**, **30–31**
Kapstadt **8–9**, **22–23**, 23, **24**, **25**, 25, 27, 29, **32–33**, 32, 35–37
Karoo 43, 51, **68**, 69
Karoo Nature Reserve (siehe Camdeboo National Park)
Kgalagadi Transfrontier National Park **38–39**, **45**, **47**, 48, 52, 111
Kimberley **108**, **109**, 114
Kleine Karoo 55, 64
Knysna 68, 80, **124**
Kozi Bay Nature Reserve **74**
Kruger National Park **86–101**, 87–101, 110

L
Landskroon (Weingut) 67
Langebaan **40**, 41, 51
Lower Sabie (Camp) **90**, 100

M
Makuleke Contract Park 99
Mangaung 115
Mapoch Ndebele Village **107**, 113
Mapungubwe **91**, 91
Moholoholo (Lodge) **96**, 96, 97
Mossel Bay 61, 68
Muizenberg **20–21**, 37, **116**
Mvezo 27, 77, 79, 85

N
Namaqualand 43, 52
Natal-Drakensberge 83
Nederburg (Weingut) 67
Nelspruit (Mbombela) 100
Ngala Lodge 100

O
Oudtshoorn **56**, 61, 69
Outeniqua-Berge 59

P
Paarl 62, 67
Pietermaritzburg 75, 84
Pilgrim's Rest **95**, 95, 101
Plettenberg Bay 61, 68
Port Elizabeth 57, **68**, 68
Port St. John's 79, 84
Pretoria 105, **106**, 107, **113**, 113

R
Richtersveld Cultural and Botanical Landscape 43, 52
Robben Island **26**, **27**, 27, 35
Royal Natal National Park 84
Royal Natal Yacht-Club **78**

S
Sabie (Naturschutzgebiet) 91
Sabie River 99, 100
Soweto (Johannesburg) **16–17**, **104**, 109, 114, 115
Stellekaya (Weingut) 62, **63**
Stellenbosch 62, 64, 67
St. Lucia 83
Sun City **107**, 114
Swellendam 67

T
Tafelberg **22**, **23**, 23, 25, 37
Thandi (Weingut) 64
Tsitsikamma Section **58**, 61, 68

U
Ukhahlamba Drakensberg Park 83
Ulundi 83
Upington 53

W
West Coast National Park 51
Wild Coast 77, 79, 84

Z
Zorgvliet (Weingut) **10–11**, **57**, 64

Impressum

3. Auflage 2018
© DuMont Reiseverlag, Ostfildern

Verlag: DuMont Reiseverlag, Postfach 3151, 73751 Ostfildern, Tel. 0711/45 02-0, Fax 0711/45 02-135, www.dumontreise.de
Geschäftsführer: Dr. Thomas Brinkmann, Dr. Stephanie Mair-Huydts
Programmleitung: Birgit Borowski
Redaktion: Robert Fischer (www.vrb-muenchen.de)
Text: Daniela Schetar-Köthe und Friedrich Köthe
Exklusiv-Fotografie: Tom Schulze (www.tom-schulze.com)
Titelbild: laif/Andreas Hub
Zusätzliches Bildmaterial: S. 7 r. o. LOOK-foto/age fotostock, S. 8/9 LOOK-foto/Dietmar Denger, S. 14/15 LOOK-foto/age fotostock, S. 18 o. l. laif/hemis.fr/Bertrand Rieger, S. 18 o. r. iStockphoto/soulcld, S. 18 u. picture-alliance/Chromorange/Bernd Wasiolka, S. 19 o. Sabi Sabi, S. 19 u. laif/Larry Downing, S. 49 Getty Images/Mike Copeland, S. 51 l. DuMont Bildarchiv/Arthur F. Selbach, S. 51 r. LOOK-foto/age fotostock, S. 67 r. o. und r. u. DuMont Bildarchiv/Arthur F. Selbach, S. 69 o. Getty Images/Bluemoon Stock, S. 80 l. Cape Canopy Tour, S. 80 M. Getty Images/Image Source, S. 80 r. mauritius images/Westend61, S. 81 o. Getty Images/Stuart Fox, S. 81 u. Getty Images/Pixel Foundry/Des Kleineibst, S. 83 r. Getty Images/Robert Harding/James Hager, S. 85 o. Getty Images/Comstock, S. 110 l. u. picture-alliance/McPhoto, S. 110 r. Getty Images/Andrew Bain, S. 111 o. r. Getty Images/Heinrich van den Berg, S. 111 u. r. und 124 DuMont Bildarchiv/Arthur F. Selbach
Grafische Konzeption, Art Direktion: fpm factor product münchen
Cover Gestaltung: Neue Gestaltung, Berlin
Layout: Stephanie Isensee
Kartografie: © MAIRDUMONT GmbH & Co. KG, Ostfildern
Kartografie Lawall (Karten für „Unsere Favoriten")
DuMont Bildarchiv: Marco-Polo-Straße 1, 73760 Ostfildern, Tel. 0711 45 02-266, Fax 0711 45 02-1006, bildarchiv@mairdumont.com

Für die Richtigkeit der in diesem DuMont Bildatlas angegebenen Daten – Adressen, Öffnungszeiten, Telefonnummern usw. – kann der Verlag keine Garantie übernehmen. Nachdruck, auch auszugsweise, nur mit vorheriger Genehmigung des Verlages. Erscheinungsweise: monatlich.

Anzeigenvermarktung: MAIRDUMONT MEDIA, Tel. 0711 450 20, Fax 0711 45 02-1012, media@mairdumont.com, http://media.mairdumont.com
Vertrieb Zeitschriftenhandel: PARTNER Medienservices GmbH, Postfach 810420, 70521 Stuttgart, Tel. 0711 72 52-212, Fax 0711 72 52-320
Vertrieb Abonnement: Leserservice DuMont Bildatlas, Zenit Pressevertrieb GmbH, Postfach 810640, 70523 Stuttgart, Tel. 0711 7252-265, Fax 0711 7252-333, dumontreise@zenit-presse.de
Vertrieb Buchhandel und Einzelhefte: MAIRDUMONT GmbH & Co. KG, Marco-Polo-Straße 1, 73760 Ostfildern, Tel. 0711 45 02-0, Fax 0711 45 02-340
Reproduktionen: PPP Pre Print Partner GmbH & Co. KG, Köln
Druck und buchbinderische Verarbeitung: NEEF + STUMME premium printing GmbH & Co. KG, Wittingen, Printed in Germany

Es gibt sie selbst auf Mallorca, einsame Buchten, in denen man die herrliche Natur (fast) für sich allein hat.

In Wiesbaden versteht man zu leben und zu genießen – ein Schwatz am Abend gehört unbedingt dazu.

Wiesbaden
Rheingau

Stadt der Superlative
Technik, Architektur, Sport und Kultur oder auch Kulinarisches, nahezu in jedem Bereich hat Wiesbaden Außergewöhnliches zu bieten – lassen Sie sich überraschen ...

Picknick und Kunsterlebnis
Die Winzer im Rheingau offerieren weit mehr als nur gute Weine.

Ungewöhnliche Domizile
Wie wäre es mit einer Übernachtung im Weinfass, in einem alten Bahnhof oder doch lieber in einem historischen Luxushotel?

Mallorca

Vamos a la Playa
Die Partystrände von Palma und S'Arenal sind nicht jedermanns Sache. Aber es gibt tolle Strandalternativen von karibisch-paradiesisch bis wild-romantisch.

Natur pur
Mallorca ist ein Paradies für Wanderer und Radler. Folgen Sie unseren Tourenvorschlägen auf der Lieblingsinsel der Deutschen.

Essen mit Aussicht
Frischer Fisch, ein Glas Wein und Meerblick, die Lieblingsadressen unseres Autors.

www.dumontreise.de

Lieferbare Ausgaben

DEUTSCHLAND
119 Allgäu
092 Altmühltal
105 Bayerischer Wald
180 Berlin
162 Bodensee
175 Chiemgau, Berchtesgadener Land
013 Dresden, Sächsische Schweiz
152 Eifel, Aachen
157 Elbe und Weser, Bremen
168 Franken
020 Frankfurt, Rhein-Main
112 Freiburg, Basel, Colmar
028 Hamburg
026 Hannover zwischen Harz und Heide
042 Harz
023 Leipzig, Halle, Magdeburg
131 Lüneburger Heide, Wendland
188 Mecklenburgische Seen
038 Mecklenburg-Vorpommern
033 Mosel
190 München
047 Münsterland
015 Nordseeküste Schleswig-Holstein
006 Oberbayern
161 Odenwald, Heidelberg
035 Osnabrücker Land, Emsland
002 Ostfriesland, Oldenburger Land
164 Ostseeküste Mecklenburg-Vorpommern
154 Ostseeküste Schleswig-Holstein
136 Pfalz
040 Rhein zw. Köln und Mainz
185 Rhön
186 Rügen, Usedom, Hiddensee
137 Ruhrgebiet
149 Saarland
182 Sachsen
081 Sachsen-Anhalt
117 Sauerland, Siegerland
159 Schwarzwald Norden
045 Schwarzwald Süden
018 Spreewald, Lausitz
008 Stuttgart, Schwäbische Alb
141 Sylt, Amrum, Föhr
142 Teutoburger Wald
170 Thüringen
037 Weserbergland
173 Wiesbaden, Rheingau

BENELUX
156 Amsterdam
011 Flandern, Brüssel
179 Niederlande

FRANKREICH
177 Bretagne
021 Côte d'Azur
032 Elsass
009 Frankreich Süden Languedoc-Roussillon
019 Korsika
071 Normandie
001 Paris
115 Provence

GROSSBRITANNIEN/IRLAND
187 Irland
130 London
189 Schottland
030 Südengland

ITALIEN/MALTA/KROATIEN
181 Apulien, Kalabrien
017 Gardasee, Trentino
110 Golf von Neapel, Kampanien
163 Istrien, Kvarner Bucht
128 Italien, Norden
005 Kroatische Adriaküste
167 Malta
155 Oberitalienische Seen
158 Piemont, Turin
014 Rom
165 Sardinien
003 Sizilien
140 Südtirol
039 Toskana
091 Venedig, Venetien

GRIECHENLAND/ZYPERN/TÜRKEI
034 Istanbul
016 Kreta
176 Türkische Südküste, Antalya
148 Zypern

MITTEL- UND OSTEUROPA
104 Baltikum
094 Danzig, Ostsee, Masuren
169 Krakau, Breslau, Polen Süden
044 Prag
193 St. Petersburg

ÖSTERREICH/SCHWEIZ
004 Salzburger Land
192 Kärnten
139 Schweiz
144 Tirol
147 Wien

SPANIEN/PORTUGAL
043 Algarve
093 Andalusien
150 Barcelona
025 Gran Canaria, Fuerteventura, Lanzarote
172 Kanarische Inseln
124 Madeira
174 Mallorca
007 Spanien Norden, Jakobsweg
118 Teneriffa, La Palma, La Gomera, El Hierro

SKANDINAVIEN/NORDEUROPA
166 Dänemark
153 Hurtigruten
029 Island
099 Norwegen Norden
178 Norwegen Süden
151 Schweden Süden, Stockholm

LÄNDERÜBERGREIFENDE BÄNDE
123 Donau – Von der Quelle bis zur Mündung
112 Freiburg, Basel, Colmar

AUSSEREUROPÄISCHE ZIELE
183 Australien Osten, Sydney
109 Australien Süden, Westen
024 Dubai, Abu Dhabi, VAE
160 Florida
036 Indien
027 Israel, Palästina
111 Kalifornien
031 Kanada Osten
191 Kanada Westen
171 Kuba
022 Namibia
194 Neuseeland
041 New York
184 Sri Lanka
048 Südafrika
012 Thailand
046 Vietnam